Reinhard Keck
Lesereise London

Reinhard Keck

Lesereise London

Die Magie des Melting-Pots

Picus Verlag Wien

Für die Londonerinnen Anna, Matilda und Romy

Copyright © 2025 Picus Verlag Ges.m.b.H., Wien
Friedrich-Schmidt-Platz 4, 1080 Wien · info@picus.at
Alle Rechte vorbehalten
Grafische Gestaltung: Buntspecht, Wien
Umschlagabbildung: © Cedric Weber / Shutterstock
Druck und Verarbeitung:
EuroPB, s.r.o., Tschechische Republik
ISBN 978-3-7117-1123-6

Informationen über das aktuelle Programm
des Picus Verlags und Veranstaltungen unter
www.picus.at

Inhalt

London Love
Wie ich dieses Ungeheuer einer Weltstadt zu lieben
lernte 9

Die Melodie des Melting-Pots
Warum »London Calling« von The Clash noch immer
zeitgemäß klingt 20

Wallfahrt nach Wembley
Wie ich versuchte, beim Pokalfinale meine Tochter
für Fußball zu begeistern 31

Im goldenen Käfig
Zwischen Luxus und Londongrad: Zu Besuch in Mayfair,
der Spielwiese der Superreichen 42

Die Curry-Queen
Wie die Köchin Asma Khan Londons Heißhunger stillt –
und dabei die Welt verbessert 52

Cheers!
Gespenster, Poeten, schräge Vögel: Eine Kneipentour
durch unverwüstliche Pubs 68

Heute ein König
Was ich im Buckingham Palace über die britische
Monarchie lernte 82

Der Kämpfer
Beim Büroboxen leben Karrieristen die Ellenbogenkultur
der City aus. Ein Report aus dem Ring 95

In Shakespeares Welt
*Die Schauspielerin Amalia Vitale über ihren Weg
auf Londons berühmteste Bühne* 109

Bermondsey Blues
*Wie ich in der Hochburg der Cockneys eine
neue Heimat fand* 118

London Love

Wie ich dieses Ungeheuer einer Weltstadt zu lieben lernte

> »In London everyone is different, and that means anyone can fit in.«
> Paddington Bear

Das Schreiben über London ist wie das Leben in dieser Stadt. Beides bewegt sich zwischen Mühsal und Magie. Und manchmal kommt noch Verzweiflung dazu.

Als ich mit der Arbeit an diesem Buch begann, hielt ich eine Lesereise zu meiner Heimat für ein dankbares Vorhaben. London ist eine Schatztruhe an Geschichten und voller faszinierender Figuren. Die Stadt ist ohne Zweifel ein Geschenk für jeden Erzähler.

Aber bald wurde mir klar: Der Versuch, diese Metropole ganz zu durchdringen, ist nicht nur mühselig. Dieser Versuch muss auch scheitern. Und an einer Antwort auf die Frage, wie diese Stadt eigentlich tickt, verzweifle ich bald jeden Tag aufs Neue.

Denn ein London gibt es ja nicht. Sondern viele.

London ist die bunte Kosmopolis, in der die Welt zu Hause ist. Die Stadt der Büros und Bücher, der Parks und *pubs*, der Theater und Clubs.

London ist Shakespeare und The Clash, Adele und Stormzy, Britpop und Grime, der Rap der afro-karibischen Community. Ein Spielplatz der Kreativen, eine Bühne für komische und tragische Helden – Hauptsache Spektakel.

London ist ein Schaufenster, in dem alles zum Verkauf steht. Eine schamlos gierige Stadt, die auf Geldströmen schwimmt und Luxus und Laster liebt, aber auch Hoch- und Populärkultur. Die Händel und Hendrix zu Weltstars formte. Die gerne auf James Bond macht, aber noch lieber auf Paddington Bear. Eine Heimat für die bunte Queer-Community und ein Refugium erzkonservativer Aristokraten.

London ist die Welthauptstadt des Fußballs (Wembley), des Tennis (Wimbledon), des Crickets (Lord's) und des Rugby (Twickenham). Ein Sehnsuchtsort für Kneipensportler (Darts-WM), Kleingärtnerinnen (Chelsea Flower Show) und Feinschmecker (Borough Market).

Und natürlich ist London Weihestätte für *Kings* und *Queens*.

Eine Stadt, die sehr englisch ist und total antinationalistisch. Die allzu oft verklärt auf ihre Geschichte schaut, aber noch lieber in ihrem Melting-Pot das nächste große Ding zusammenbraut: einen Song, ein Kunstwerk, einen Star, eine Technologie oder einfach nur einen Hype? Egal was es ist, es wird die Welt aufhorchen lassen.

Keine andere Stadt vereint die Zwillinge Tradition und Zeitgeist mit so viel Eleganz und Lässigkeit. Auch deshalb ist London der Inbegriff von Prestige.

Schon vor rund dreihundert Jahren fühlte sich der Londoner Daniel Defoe, der Autor des »Robinson Crusoe«, von seiner Heimatstadt überwältigt, als er seufzte: »*That great and monstrous thing called London.*« Ja, dieses Monstrum, dieses Ungeheuer einer Stadt, ist beides: groß und großartig.

Londons Energie glüht im Industrie-Klinker der Tate Modern, im scheinbar unzerstörbaren Sandstein von St. Paul's Cathedral und in den Glasfassaden der Bürotürme der City. Sie springt auf die Menschen über, die rastlos wie der Märzhase in »Alice's Adventures in Wonderland« durch eine Stadt hasten, deren Wahrzeichen die Uhr und der Glockenschlag von Big Ben ist. Keine Zeit, immer weiter, *see you later*!

London ist keine Wohlfühlstadt, es ist eine Metropole für Fortgeschrittene. Was genau macht sie so faszinierend? Das werde ich oft gefragt. Und eine einfache Antwort gibt es nicht. Denn meine Liebe – jede Liebe – zu London ist voller Widersprüche. Ist es überhaupt eine Liebe?

Seit zehn Jahren ist London mein Zuhause. Als Korrespondent schreibe ich jeden Tag über Londoner und Londonerinnen, über das, was sie antreibt und bewegt, was sie erschaffen und welche Widerstände sie dabei überwinden. Von diesen Menschen und den magischen Momenten, den Überraschungen und Inspirationen, die das Leben und das Überleben in London bringen, handelt dieses Buch.

Meine Arbeit als Journalist erlaubt mir, viele Orte und Kulturen zwischen Europa, Amerika,

Asien und Afrika zu erkunden. Nur in London habe ich das Gefühl: Hier verschmilzt alles. Hier liegt die einzige Weltstadt, die sich tatsächlich so nennen darf.

Erstmals wohnte ich Mitte der zweitausender Jahre in London, ich hatte mich für einen Masterstudiengang in Journalismus und Fotografie an der University of Westminster eingeschrieben. Den Sound der City prägte damals die Musik der stimmgewaltigen und zerbrechlichen Amy Winehouse. Wobei ich den Hip-Hopper Mike Skinner mit dem Künstlernamen The Streets eigentlich lieber mochte. Dessen lässigen Akzent hielt ich für Cockney, dass es sich um Brummie handelt, den Slang von Birmingham, konnte ich noch nicht wissen.

Ich zog mit meiner Freundin in eine Einzimmerwohnung am Cricklewood Broadway, in einem Viertel im Nordwesten der Stadt, geprägt von Einwanderern aus Irland und Nigeria. Unser Zimmer mit schmaler Küche und winzigem Badezimmer lag über einem Eckkiosk mit Blick auf die High Street, über die jede zweite Minute ein roter Bus bretterte.

Im nigerianischen Restaurant »The Den« gegenüber spürte ich erstmals die Faszination des Melting-Pots. Der immer volle, schwitzige Laden erinnerte an eine Diskothek in Lagos. Das Publikum: Frauen in Glitzerkleidern und mächtigem Goldschmuck und hünenhafte Kerle, die trotz des Zwielichts ihre dicken Sonnenbrillen niemals ablegten. Die Kellner balancierten Silbertabletts über die Köpfe der tanzenden Meute, auf denen Fische lagen, die von Kopf bis Gräte frittiert waren. Und deren Säfte es mit dem säuerlichen Yamswurzelbrei Fufu aufzutunken galt. *Fish and chips* nach Art des Melting-Pots. *Enjoy!*

Am ersten Tag des Monats klopfte unser indischer Vermieter Jack an die schmächtige Eingangstür. Der *landlord* trieb die Miete in *cash* ein. Und als er meine Kameraausrüstung sah, gab er mir gleich meinen ersten Auftrag als Reporter in London: Ich sollte die prachtvolle Hochzeit seiner Tochter dokumentieren. Ich war derart von dem mit Schmuck behangenen Bollywood-Brautpaar fasziniert, dass ich mit einem Teller Linsen-Dal als Honorar schon zufrieden war. Dabei hätte ich doch mindestens drei Monatsmieten in Rechnung stellen müssen. Was Jack längst verinnerlicht hatte, musste ich mir erst noch aneignen: den knallharten Geschäftssinn des Londoners.

Nach dem Studium verließ ich die Metropole, arbeitete einige Jahre als Zeitungsredakteur in München und Berlin, bis mich die Sehnsucht nach der Freundin in London und die Magie des Melting-Pots zurück an die Themse trieb. Ich hatte meine Stelle bei einem großen deutschen Verlag gekündigt und die verwegene Idee, einfach mal als freier Journalist durchzustarten.

Die Stadt ist eng, aber für Träume, egal wie groß sie sind, hat sie immer Platz. Heute ist London mein Zuhause und die Heimat meiner Familie. Die Stadt begegnet mir zum Glück öfter als freundlicher Paddington Bear statt als Ungeheuer.

Eine Herausforderung ist das Leben hier aber nach wie vor. Zur Ruhe kommt man nie.

In London leben rund zweihundertneunzig ethnische Gruppen und Nationalitäten auf engstem Raum. Neun Millionen Menschen beweisen jeden Tag – trotz oder gerade wegen ihrer kulturellen Unterschiede – eine bewundernswerte Offenheit und Toleranz. Die Hälfte der Bevölkerung ist unter fünfunddreißig Jahre alt. Das macht London zur jüngsten Hauptstadt Europas. Rund vierzig Prozent der Stadtbevölkerung wurden nicht in der Stadt geboren.

Neben zwanzig Millionen Besuchern, die jedes Jahr nach London reisen, strömen jeden Tag Tausende Glücksritter durch die Ankunftsterminals der Flughäfen Stansted, Gatwick, City, Heathrow oder Luton. Nicht alle Neuankömmlinge führt der Weg in den Karriereaufzug eines Bankenturms in Canary Wharf oder in den Sattel eines Fintech-Einhorns in Shoreditch.

Manche finden sich im Maschinenraum der Gig Economy wieder. Oder auf einer Großbaustelle, wo sie das Profitstreben der Immobilienentwickler vertikal in den Himmel stapeln. Dieser Himmel leuchtet übrigens viel öfter sonnig, als das Klischee weismachen will.

Was die meisten dieser Menschen verbindet: Sie nehmen ihr Schicksal in die Hand. Und sehen die Stadt als Marktplatz der Möglichkeiten. Was der englische Poet William Ernest Henley schrieb, könnte ihr Motto sein, es könnte auch Londons Optimismus, Unternehmergeist und Resilienz erklären: »*I am the master of my fate, I am the captain of my soul.*« Lyrischer kann ein Bekenntnis zu Freiheit und Selbstverwirklichung nicht sein.

»In anderen Städten müssen viele Jahre vergehen, bis ein Ausländer aufgenommen wird; in London dauert es einige Monate«, schreibt der Historiker Peter Ackroyd in seinem Werk »London: A Biography«. Auch habe sich die Metropole in ihrer Geschichte meist friedlich gewandelt. Selten erlebte sie blutige Revolten oder ausufernde Gewalt.

Die Katastrophen kamen meist von außen (der Blitz im Zweiten Weltkrieg) oder waren einer höheren Gewalt geschuldet (das *Great Fire of London*, die Pest). Selbst jüngere Ereignisse, wie der Schock über den Austritt aus der Europäischen Union (gegen den sich die Mehrheit der Stadtbevölkerung ausgesprochen hatte) und die Landflucht als Folge der Coronapandemie, schüttelte die Metropole mit der für sie typischen *coolness* ab.

Die Märzhasen, so scheint es, haben Wichtigeres zu tun, als sich zu lange mit Krisen aufzuhalten. Wandel macht ihnen keine Angst. Ihr Blick geht nach vorne.

Trotz des Brexit und einer angespannten Wirtschaftslage im Vereinigten Königreich ist London weiterhin ein globales Powerhouse für Innovation und Technologie. Eine Metropole, die Wachstum und Aufstieg verspricht. Im Jahr 2040, so die Prognosen, werden daher mehr als zehn Millionen Menschen in der Stadt leben.

Der Legende nach war Brutus, ein Nachkomme der Trojaner, Londons Gründungsvater. Die

Jagdgöttin Artemis versprach ihm, er könne auf einer Insel in der Nordsee Troia Nova bauen. Eine Metropole, so mächtig, wie es seine alte Heimat war. Heute scheint es, als hätte er tatsächlich den Grundstein für eine moderne Kosmopolis gelegt.

London ist ein Refugium des Weltbürgertums, in dem Werte wie Freiheit und Toleranz gelebt werden. Und dieses weltoffene Flair ist kein elitäres Projekt, auch Londons Bürgermeister Sadiq Khan verkörpert es. Der Sozialdemokrat der Labour Party wuchs als Sohn eines pakistanischen Busfahrers mit acht Geschwistern in einer Sozialwohnung auf.

Khan ist ein gläubiger Muslim, er betet fünfmal am Tag. Doch er bricht mit dem obersten Rabbiner das Fasten an Ramadan und eröffnet danach eine LGBTQ-Parade im Szeneviertel Soho. Seine Vision ist eine grüne und saubere Weltstadt: Die letzten Erinnerungen an den früher berüchtigten London Smog sollen endgültig weggepustet werden. Dafür baut die Stadt auch Hunderte Kilometer an neuen Radwegen. Das sorgt zwar auch hier für giftige Debatten. Und dennoch scheint es, als würden diese Umweltinitiativen weitaus rascher und konsequenter umgesetzt als ähnliche Projekte in New York oder Berlin.

London war nie ein angenehmer Ort für bedürftige Menschen. Denn die Stadt steht leider auch für eine extreme Ungleichheit. Armut und Dekadenz trennt oft nur eine Backsteinmauer. Und in manchen Vierteln könnten wegen der Wohnungsnot die Slums von morgen entstehen. In der

Weltstadt spiegeln sich die Chancen, Krisen und Nöte der globalen Gesellschaft wider. Gleichzeitig haben Londoner Schüler aus sozial benachteiligten Verhältnissen die besten Chancen, sozial aufzusteigen und eine Universität zu besuchen.

Jeder Londoner weiß: Das Wehklagen über die Stadt gehört zum Leben in der Metropole wie brauner Schlamm zur Themse. Mein Gott, ist das alles teuer. Die *tube* zu voll. Die roten Busse zu langsam. Der Taxifahrer zu launisch. Der Winter zu lange, der Sommer zu kurz. Der Wohnraum zu knapp und zu heruntergekommen. Die Häuser zu schlecht isoliert. Und erkläre mir einer, warum die Stadt, die angeblich alles bietet, nur eine Handvoll öffentlicher Freibäder hat, wenn schon wieder Rekordhitze herrscht?

Doch schon schlägt das Pendel von Mühsal und Verzweiflung wieder in Richtung Magie.

Ein frischer Frühlingstag. *Park life*. Wir fahren mit dem Rad an den Kanälen der alten Industrieanlagen entlang. Vorbei an Hausbooten, bis zum Victoria Park in Hackney. Am Pavillon Café am Seeufer strecken wir die Beine aus. Das Mittagslicht tanzt auf dem Wasser. Und auf der Zunge tanzen die Gewürze eines sri-lankischen Pfannkuchens. Ja, das *Full London Breakfast* schmeckt im Melting-Pot nach Chili, Kokos und fermentierten Dosas statt nach *baked beans*. Und das ist erst das Amuse-Bouche für den Feinschmecker mit dem weltgewandten Gaumen.

Und wie grün die Stadt doch ist! Auf einundzwanzig Prozent ihrer Fläche wachsen Bäume, insgesamt acht Millionen. Schnee fällt in London leider fast nie. Doch für Schneegestöber sorgen die Kirschblüten, die wie Flocken durch die Parks wirbeln und jede japanische Reisegruppe um den Verstand bringen. *Fun fact*: Laut einer forstwirtschaftlichen Definition der Vereinten Nationen ist London gar keine Stadt – sondern ein Wald.

In Westminster, im gleißenden Licht eines Sommertags, glänzen die Helme der *Horse Guards*. Der Geruch von Stall und Leder liegt in der Luft. Dann mischt sich das schwere Parfüm einer *Lady* dazu. Eingehakt im Arm ihres *Lords* flaniert sie in Abendgarderobe vom Piccadilly Circus Richtung Whitehall. Zum Fundraiser im Raffles Hotel? Oder zum Dinner im Rules Restaurant?

Nebenan, am Parliament Square, ist noch ein Aristokrat unterwegs: die Satirefigur Count Binface, verkleidet mit schwarzer Schleppe und der Attrappe eines Mülleimers mit Sehschlitzen auf dem Kopf. Hinter der Maskerade steckt ein Exzentriker, der im Wahlkampf um das Amt des Bürgermeisters antritt. Den wird er zwar gegen Amtsinhaber Sadiq Khan verlieren. Doch der Spaßkandidat wird mehr Stimmen bekommen als der Vertreter einer rechtsextremen Partei. In London demütigt eine Witzfigur den Hetzer vom rechten Rand. »Ein weiterer Grund, die Stadt zu lieben«, sagt dazu Wahlgewinner Khan.

Ein goldener Herbsttag. Auf dem Hügel der Sternwarte von Greenwich öffnet sich ein Panoramafenster zur Seele der Stadt. Am alten Hafen die Masten des imperialen Segelschiffs »Cutty Sark«.

Daneben die weißen Säulen des Maritime Museums. Und dahinter die Themse, der Silberstrom, hinter dessen Ufer die Glasmonolithen von Canary Wharf wachsen. Stumme Zeugen von Macht und Ehrgeiz dieser Stadt.

Und die hat auch ein warmes Herz. Es pocht an Winterabenden im »Mayflower Pub« an den Docks von Rotherhithe. Wo Freunde in der unsinkbaren Gastlichkeit der Seefahrerkneipe die Welt neu erfinden. Wie es in den Jahrhunderten zuvor die Matrosen und Walfänger, die Poeten und Parvenus und ungezählte Londoner und Londonerinnen getan haben.

Nachher weisen uns die Lichter der Tower Bridge den Weg am Ufer der Themse entlang. Im Mondschein huschen Füchse über den Pflasterstein, auch von diesen Tieren gibt es ja eigentlich zu viele in der Stadt.

Wir folgen dem Ruf des Ungeheuers. Es ist zu großartig, um es ganz zu durchdringen; gerade deshalb zieht es uns in seinen Bann. Immer wieder.

Die Melodie des Melting-Pots

Warum »London Calling« von The Clash noch immer zeitgemäß klingt

Dieser Song ist ein Erdbeben, das sich langsam steigert. Die geschlagenen Gitarren, das knallende Schlagzeug, dann setzt der pochende Bass ein und endlich legt Joe Strummer los:

> *London calling to the faraway towns*
> *Now war is declared, and battle come down*
> *London calling to the underworld*
> *Come out of the cupboard*
> *you boys and girls …*

Es reichen schon die ersten Töne dieser Melodie und jeder, der nur entfernt mit Popkultur in Berührung gekommen ist, weiß, was gespielt wird – und wo. Kaum ein anderes Lied in der Geschichte der Rockmusik ist so eng mit einem Ort verbunden wie »London Calling« von The Clash.

Das Album, benannt nach dem heute bekanntesten Song, erschien 1979 kurz vor Weihnachten und wurde umgehend ein Klassiker. Die Zeitschrift *Rolling Stone* kürte die Platte zu einem Meilenstein des Rock 'n' Roll und wählte sie unter die zehn besten Alben, die jemals veröffentlicht wurden.

Vor fast einem halben Jahrhundert einigten sich in einem Klinkerbau in Camden Town im Nordwesten Londons Joe Strummer, Gitarrist Mick Jones und Bassist Paul Simonon auf den Bandnamen The Clash – später kam noch Schlagzeuger Topper Headon dazu. Von Beginn an, so scheint es im Rückblick, widmete die Combo ihre künstlerische Kraft allein einer Mission: ihrer Heimatstadt einen neuen Sound zu schenken.

Ja, Liverpool hat die Beatles. Und Manchester hat Oasis. Doch die Städte sind nur Randerscheinungen im Gesamtwerk dieser Bands. In den Liedern von The Clash hingegen ist London das alles überragende Thema. London ist die Energie, die das Werk untersetzt, die Metropole verleiht dieser Musik die Wut und die Wucht.

»London Calling« ist die Begleitmelodie, wenn auf einem Bildschirm eine Palastwache mit Pelzmütze oder der Piccadilly Circus auftaucht. Dennoch ist das Lied nicht abgeschmackt. Vielmehr wirkt der Song überraschend zeitgemäß.

Warum eigentlich?

Einer, der das wissen könnte, ist Pat Gilbert, der Biograf der Band. Für das Magazin *Mojo* taucht er in die Londoner Musikszene ein. Ich treffe Pat an einem sonnigen Junitag am Camden Market. Pat, ein jung gebliebener Ende Fünfzigjähriger mit sanfter Stimme, trägt eine Schirmmütze, an seinem Jeanshemd ist ein blauer Pin mit dem Peace-Zeichen angeheftet. Er hat die Aura des nerdigen Kultur-Bohemiens, der aber nie mit seinem Fachwissen protzen würde. Dafür ist er zu gut erzogen.

»Es ist verrückt«, sagt Pat, »wahrscheinlich sind The Clash heute populärer, als sie es während ihrer aktiven Zeit waren.« Daten von Spotify zeigen, dass die Band bei Nutzern unter fünfundzwanzig Jahren besonders beliebt ist. Darum produzierte die Musikstreamingplattform kürzlich mit Chuck D von den Hip-Hop-Legenden Public Enemy einen Podcast über die Band und ihre Zeit.

Camden, die Geburtsstätte von The Clash, liegt im Nordwesten Londons zwischen Regent's Canal und dem Bahnhof King's Cross. Noch immer ist die Gegend das Zentrum der Londoner Popkultur – trotz der Kommerzialisierung des Viertels. Statt Plattenläden und Kneipen dominieren heute Fetischläden und Souvenirshops die High Street. Auf der Stahlbrücke, die sich über den Wasserweg spannt, lümmelt ein Trio Midlife-Punks mit Tattoos im Gesicht und Doc Martens an den Füßen. Der Duft von Chinanudeln und Falafel weht von den Fressbuden herüber.

Die Suche nach den Spuren von The Clash ist eine mühselige Detektivarbeit. Das überrascht, denn London huldigt gerne mit Plaketten und Skulpturen seinen Kulturikonen. Pat führt mich zu einem Backsteinbau in den Camden Stables, aus dem Techno-Bässe scheppern. Zwei Meter hohe Roboterfiguren bewachen den Eingang. Es ist die Zentrale der Rave-Gothic-Marke Cyberdog, die Plateauschuhe, Neon-Hotpants und anderen Nippes der Clubkultur verkauft.

Hier gründeten sich an einem Junitag 1976 auf Vermittlung des Musikmanagers Bernie Rhodes

The Clash. Damals war der Komplex noch ein heruntergekommenes Depot der British Rail. Auch andere Musiker entdeckten die verlassenen Warenlager und alten Pferdeställe und lockten weitere Künstler und Kreative in die Industriebrache.

Auf die Geburt von The Clash weist heute nur wenig hin. Immerhin erinnert die Auslage des Doc-Martens-Shop mit Fotos an die Rebellen, die den Arbeiterstiefel zum Bestandteil der Punk-Uniform gemacht haben. Auf der Backsteintreppe gegenüber steht auf einem unscheinbaren Schild »The Clash Steps«. Es ist die Kulisse für das Bandfoto auf dem Cover des ersten Albums der Band.

Mit dieser Platte markiert die Punk-Combo ihr Revier. Und verortet ihre Musik fest im Leben der Metropole. In den Songs geht es um eine Bordellchefin, die Sex-Partys in Kensington organisiert; um gierige Geschäftemacher in Mayfair; um einen Kondomautomaten in der Toilette einer Bar in Soho und um Krawalle zwischen Polizei und karibischen Einwanderern in Notting Hill. Heute steht der Name des Viertels für die Kultromanze mit Julia Roberts und Hugh Grant.

1979 zog sich die Band in die Vanilla Studios neben einer Autogarage im Stadtteil Pimlico zurück und begann mit der Arbeit an »London Calling«. Am Themseufer gegenüber liegt die Battersea Power Station. Hier ließen Pink Floyd das aufblasbare Schweinchen Algie zwischen den elfenbeinfarbenen Schornsteinen des Kraftwerks schweben. Der Stunt mit dem schwebenden Tier sorgte für das ikonische Cover der Platte »Animals«.

Nachdem das Material eingespielt war, siedelte die Band zur Aufnahme der Platte in die Wessex Studios in Highbury über. Hier hatten die Sex Pistols »Never Mind the Bollocks« aufgenommen und Queen die »Bohemian Rhapsody«. Für Freddie Mercurys und Brian Mays Stadionhymne »We Will Rock You« ließen die Musiker das Studiopersonal zur »Boom, Boom, cha!«-Melodie hüpfen. Später musste das Studio einem Wohnblock weichen.

»*This is London calling*« – mit dieser Ansage eröffnete die BBC ihre Radiosendungen, die sich im Zweiten Weltkrieg an das von den Nazis besetzte Europa richtete. Pat Gilbert sieht in dem Titel auch »den Lockruf Londons«, die Einladung an die Welt, in die Metropole einzutauchen.

Das Album wurde rasch zum Klassiker, denn es markiert einen Epochenwechsel. Vorbei war es mit dem Punk-Geschrammel, stattdessen mischten sich Rockabilly, Ska, Soul und vor allem Reggae in die Songs, die zugleich kunstvoll und explosiv wirken. Der Sound des Melting-Pots war geboren.

Mit dem Erscheinen ihrer Platte erreichte die Band ihren künstlerischen Zenit. Auch das Cover wurde zur Ikone. Die Schwarz-Weiß-Aufnahme der Fotografin Pennie Smith zeigt Paul Simonon, der seine Bassgitarre auf der Bühne im New Yorker Palladium zerschmettert. Der Tobsuchtsanfall hatte übrigens nichts mit der Wut des Punks auf das System zu tun. Sondern mit der Enttäuschung eines Musikers über das zu artige Publikum. Denn The Clash, so schrieb damals der britische Musikjournalist Tony Parsons, brachte eine »aufrichtige

Wut« über den Zustand der Jugendkultur zum Ausdruck, wie es den Beatles, den Rolling Stones oder Elvis Presley nie gelungen war.

Mit der fröhlichen »Beatlemania«, so heißt es im Titelsong »London Calling«, ist es vorbei. Die Leute leiden an Rassismus, Neoliberalismus und der Thatcher-Polizei. Es herrschen Konsumterror, Zukunftsangst, Hungersnöte, Atomkriegssorgen. Und es droht die Umweltapokalypse.

Bald ein halbes Jahrhundert später sind diese Ängste zurück: Klimakrise, Krieg in Europa, nukleare Drohgebärden, Aufrüstung. Ein Konflikt zwischen freien Gesellschaften und erstarkenden Demokratieverächtern. Wann kommt es zum Weltenbrand?

»London Calling« fasst dieses Unbehagen bildlich zusammen. Die Themse tritt über die Ufer und droht die Stadt zu überfluten: »*London is drowning, and I live by the river.*« Das Wasser steht uns bis zum Hals. Wieder einmal.

Doch in dem Lied steckt eine aktivistische Botschaft, die oft überhört wird: Hab keine Angst, wach auf. Und wenn dir die Welt nicht passt, tu was dagegen. Das dürfte mit jedem Klimaprotestler der Gegenwart räsonieren.

Erst durch »London Calling« wurde die radikale politische Botschaft des Punkrock zum Mainstream. Der britische Singer-Songwriter Billy Bragg hört in The Clash die »letzte große Band, die sagt: Mit Musik kannst du die Welt verändern.« Die New Yorker Hip-Hopper von Public Enemy erklären: Die englischen Punkrocker hätten sie gelehrt, für das zu kämpfen, was wirklich wichtig ist – »und zwar so laut wie die Hölle«.

Der kommerzielle Erfolg der Band stand im Widerspruch zum Selbstverständnis der Musiker als Systemgegner. Die Rebellen hatten schon einen Faustischen Pakt mit den Bossen der Plattenfirmen geschlossen. Dass sie auch noch in der populären TV-Show »Top of the Pops« auftreten sollten, ging ihnen zu weit. Und sie verzichteten auch auf Tantiemen, damit ihre Doppel- und Dreifach-Alben zu günstigen Preisen erhältlich waren.

Die Kommerzdebatte war der Sprengsatz, der die Gruppe letztlich zerriss. Je mehr Schecks eintrudelten, desto gewaltiger wurde der Zoff. »Das Ganze war ungefähr so erfreulich wie das Aufbohren eines Zahns ohne Betäubung«, bilanzierte Frontmann Joe Strummer. Nach jahrelangen Querelen löste er die Band 1986 auf und verschwand weitgehend aus der Öffentlichkeit.

Pat Gilbert nimmt an einem Tisch am Kanalufer Platz und schlürft ein *pint*, während neben uns Spaziergänger mit einem Selfiestick hantieren. Camden sei heute »wie ein Themenpark«, sagt er, eine Art Disneyworld der Popkultur. Er meint das aber nicht abwertend. Er kommt gerne in die Gegend. Denn das Wesen Camdens als Soziotop für Freigeister ist so unverrückbar wie der rote Backstein, aus dem das Viertel gebaut wurde. Und lockt Britpop-Nostalgiker genauso wie die deutsche Schulklasse auf Abschlussfahrt.

Pat wuchs in einem Vorort von Portsmouth auf. Punkrock war seine Flucht aus der Langeweile der

Kleinstadt. Er zeigt mir auf seinem Smartphone ein Foto aus jener Zeit und grinst: Zu sehen ist ein Milchgesicht, das sich mithilfe von Lederjacke und zerzaustem Haar alle Mühe gibt, als Unruhestifter durchzugehen.

Als Pat in seinem Kinderzimmer zum ersten Mal The Clash hörte, spürte er eine Energie, die ihn noch heute in den Bann zieht. Nur aus den Texten wurde er noch nicht schlau. Was denn ein *Spliff* sei, fragt er seine Mutter. Auch die konnte nicht weiterhelfen. Das Slangwort der jamaikanischen Community für einen Joint war in den südenglischen Vorstädten unbekannt.

Ende der achtziger Jahre zog Pat nach London. Als Journalist dokumentierte er den Boom des Britpops. Er begleitete Oasis auf Tour, erlebte den Geschwisterzoff zwischen Noel und Liam Gallagher. Er zechte mit Graham Coxon von Blur in der Absturzkneipe »The Good Mixer«. Er lauschte den Libertines im legendären Musik-*Pub* »Dublin Castle« und beobachtete mit Faszination und Sorge die Drogeneskapaden des Gitarristen Pete Doherty, der auch als Kurzzeitliebhaber von Supermodel Kate Moss Schlagzeilen machte.

Mit Mick Jones von The Clash spielte Pat auf der Bühne Gitarre. Und einmal ließ er sich von Joe Strummer nach einem Gig nach Hause fahren. Pats Wohnung lag direkt neben der Konzerthalle, die Fahrt dauerte nicht mal eine Minute. »Für die paar Meter lässt du dich fahren?«, wunderte sich Strummer. Pats Antwort: »Jetzt kann ich erzählen, dass der Sänger von The Clash mal mein Chauffeur war.«

Joe und die anderen Jungs seien »kluge Geister« gewesen. Man habe sie einfach gerne um sich gehabt, sagt Pat. Manchmal spricht eher der Fan als der Journalist aus ihm. Joe Strummer starb 2002. Paul Simonon mischte bei Projekten von Blurs Damon Albarn mit, etwa bei der Supergroup The Good, the Bad & the Queen. Bei Albarns Kult-Band Gorillaz war auch Mick Jones dabei. Schlagzeuger Topper Headon, der lange an Heroinsucht litt, lebt hingegen zurückgezogen in Dover.

Was halten die einstigen Systemgegner davon, dass »London Calling« so schamlos vom Kommerz vereinnahmt wurde? Der Song war auf dem Soundtrack eines James-Bond-Films und auf der Eröffnungsfeier der Olympischen Spiele in London 2012 zu hören. Auch im Stadion des FC Fulham wird er gespielt und beim FC Arsenal, sogar in einer Episode der US-Sitcom »Friends«. Pat weiß: »Die Jungs haben sich irgendwann damit abgefunden, dass der Ruhm dieses Songs nicht aufzuhalten ist – und dass er ein Eigenleben hat.«

Dasselbe gilt wohl auch für ihre Musik insgesamt. Und ihre politischen Botschaften. Die wirkten auch auf Bands wie U2 und Nirvana oder die Rapperin MIA. Und als im Frühjahr 2022 Russland in die Ukraine einmarschierte, sang die ukrainische Punkband Beton »Kyiv Calling« – um den Westen aufzurütteln und die Moral der Truppen zu stärken. Es hieß zwar, die Bandmitglieder hätten die Nutzung des Songs für diesen Zweck erlaubt. Dann hörte man, nicht alle hätten dieser Verwendung zugestimmt. Letztlich wirkte es, als hätten sich die alten Clash-Gefährten schon wieder heillos zerstritten.

Bevor sich Pat zu einer Redaktionssitzung des *Mojo*-Magazins verabschiedet, schlendern wir noch über den Camden Market. Nahe den Clash Stairs steht die Bronzestatue von Amy Winehouse. Selbst als Metallfigur sieht sie zerbrechlich aus. Pat Gilbert legt ihr zärtlich einen Arm auf die Schulter, als träfe er eine Freundin, die er lange nicht mehr gesehen hat. Nach Pat ist eine spanische Touristin dran, sie beugt sich auf die Höhe von Amys hohem Dutt herunter und schürzt die Lippen für das Selbstporträt. Danach ist eine Schulgruppe mit dem Amy-Selfie dran.

Anfang der zweitausender Jahre traf Pat Amy Winehouse in den Kneipen und Clubs des Viertels bei Jam-Sessions, spielte auch mal Billard mit ihr. Es war die Zeit, als sich Amys Liebe zu ihrem drogensüchtigen Ehemann als so zerstörerisch erwies wie ihr überwältigender Ruhm, der auf ihre Hits »Rehab« oder »Back to Black« folgte. Mit nur siebenundzwanzig Jahren starb sie an einer Alkoholvergiftung in ihrer Wohnung am Camden Square.

Ein paar Schritte weiter, in ihrer Stammkneipe, dem Bilderbuch-*Pub* Hawley Arms, sitzen an diesem Tag junge Familien neben ergrauten Rockern, die Bier trinken und *fish and chips* futtern. 2008 wäre die Kneipe bei einem Großbrand fast zerstört worden, ausgerechnet als Amy live eine Dankesrede für die Grammys hielt.

Bilder und Tourplakate erinnern an die Größen

von Camdens Musikgeschichte. An einer holzgetäfelten Wand neben dem Tresen hängt ein Papier in einem goldenen Rahmen. Zwölf Zeilen und sechs Akkorde sind darauf notiert. Es sind nur wenige Worte. Und doch erzählen sie mehr über die Stadt, ihre Musik und unsere alten und neuen Sorgen als jedes andere Erinnerungsstück.

Auf dem Zettel steht: »*London calling to the faraway towns …*«

Wallfahrt nach Wembley

Wie ich versuchte, beim Pokalfinale meine Tochter für Fußball zu begeistern

Als der Mythos nur noch eine Haltestelle entfernt ist, erfasst Fußballfieber das Zugabteil. Vor den Fenstern zieht das *suburbia* des Londoner Nordwestens vorbei. Drinnen rutschen Kinder in roten und blauen Trikots über die Sitzpolster. Nächster Halt: Wembley Park! Jetzt aber schnell.

Eilig stopft ein Vater angekaute Dreieckssandwiches in den Rucksack. Die Mutter treibt die kleinen Schlachtenbummler für ein letztes Gruppen-Selfie zusammen. Da blitzt der Stahlbogen auf, der sich wie ein Henkel über die Schüssel aus Glas und Beton spannt. Ich drücke Matildas Kinderhand fester. Unser Vater-Tochter-Trip zum Mittelpunkt der Fußballwelt beginnt.

Wembley, here we come.

Meine Tochter Matilda ist sechs Jahre alt, hat einen rotblonden Haarschopf und Sommersprossen, die sich im Licht dieses Maisonntags sprunghaft zu vermehren scheinen. Bislang hat sie nur wenig Interesse daran gezeigt, einem Fußball nachzujagen – oder Erwachsenen beim Nachjagen von Fußbällen zuzuschauen. Turnen, Klettern und Rollschuhfahren, das sind ihre Sportarten.

Unser Ausflug ist auch ein Experiment: Kann

ich sie für einen Sport begeistern, der mich seit meiner Kindheit fasziniert? Die Emotionen, die Rituale und der herrliche Hokuspokus rund um das Fußballerlebnis werden Eindruck machen, da bin ich mir sicher. Wird vielleicht sogar eine Liebe zum runden Leder geweckt?

Dass Matilda in Wembley ihr erstes bedeutendes Match erleben wird, ist ja an sich schon ein Highlight. Denn Wembley ist ein Mythos, ein Sehnsuchtsort für jeden Fan.

Mein erster Ausflug in die Welt des Fußballstadions führte mich aus einem Dorf im Schwarzwald, wo ich aufwuchs, ins nahe gelegene Karlsruher Wildparkstadion. Es waren die frühen neunziger Jahre, mein Vater nahm mich mit zu einem Gastspiel unseres Lieblingsclubs Borussia Dortmund beim Karlsruher SC.

An eine Szene erinnere ich mich genau: BVB-Kapitän Michael Zorc erzielte ein Tor per Elfmeter. Die frustrierten Karlsruher Fans in der Stehplatzkurve hinter uns fluchten und warfen ihre Plastikbecher in die Luft. Bier regnete auf unsere Köpfe, die Emotionen kochten hoch. Ich leckte über meine Lippen: Es schmeckte bitter und sauer. Hatte die Biertaufe von Baden meine Aufnahme in diese Gemeinschaft besiegelt?

Jahre später, als Student an der Uni Westminster, fand ich auch dank der Leidenschaft für den Fußball neue Wegbegleiter. Mein Kommilitone Richard, der rothaarige *London boy* mit der Rotzlöffelaura, war Dauerkarteninhaber des FC Chelsea und nahm mich mit zur Stamford Bridge. Nach dem Spiel tranken wir im »Butcher's Hook Pub« in Fulham mit stiernackigen Fans viel zu viele *pints* in viel zu kurzer Zeit. Plötzlich grölte die Kneipe: »*There are ten German bombers in the air …!*«

Jeder englische Fan kennt diesen in Stadien längst verbotenen Schmähgesang, ein Abzähllied, wonach die Royal Airforce der Reihe nach die deutschen Bomber abschießt. Erst zehn, dann neun, dann acht, dann sieben und so weiter. »*It's just banter*«, rief mir einer der Krakeeler ins Ohr, der zweifellos meinen deutschen Akzent erkannt hatte. *Banter*, das ist ein bisschen necken, ein bisschen lästern, eine Art britischer Schmäh. Dann drückte mir der Krakeeler schon das nächste *pint* in die Hand. Auf dein Wohl, Kumpel!

Mein Ausflug mit Matilda wird nicht nach Bier schmecken, er wird auch nicht im *pub* enden. Es wird kein raubeiniges Abenteuer sein, denn heute spielen die Frauenteams des FC Chelsea und Manchester United um den FA Cup. Bei den Partien der Frauen zeigt der Fußball ein freundliches Gesicht.

Mit Zehntausenden Fans strömen wir von der U-Bahn-Station Wembley Park über den Olympic Way, durch eine Wolke aus Frittierfett, vorbei an Burgerbuden und Souvenirhändlern, die Schals und Fähnchen feilbieten.

Matilda sitzt auf meinen Schultern, wie eine Piratin im Ausguck, bis wir hinter den Treppen die Sicherheitsschleuse erreichen. Per Rolltreppe zu Block 527. Aufstieg zu Fuß bis unters Stadiondach. Das Gipfelglück ist für uns in Reihe 44 auf den Plätzen 6 und 7 reserviert.

Wie ein grünes Tal leuchtet der Rasen da unten, eingerahmt von einem Massiv aus neunzigtausend Sitzschalen. Bass wummert, Feuersäulen zischen. Prinz William schüttelt vor Anpfiff die Hände der Spielerinnen. Dann bitte alle stramm stehen, zu »God Save the Queen«.

Neben uns sitzt eine Familie, sehr *middle class*, wahrscheinlich aus Berkshire oder Surrey. Die Töchter tragen Trikots von Manchester United. Eine schmökert im Kinderkrimi. Die andere fischt Gurkenstifte aus einer Tupperdose. Dann ein schriller Pfiff. Los geht's.

Das erste Spektakel in der Geschichte Wembleys liegt fast genau hundert Jahre zurück: 1923 trafen im FA-Cup-Finale die Mannschaften von West Ham United und den Bolton Wanderers aufeinander. Damals hieß Wembley noch Empire Stadium, das Bauwerk sollte die British Empire Exhibition und die Macht des Kolonialreichs demonstrieren.

Die halbe Stadt schien euphorisiert und wollte das neue Wahrzeichen sehen. Rund dreihunderttausend Schaulustige strömten zu der neuen Arena. Doch Platz gab es nur für hundertsechsundzwanzigtausend Fans. Die Massen stürmten über die Absperrungen und besetzten das Spielfeld.

Bis Polizist George Scorey mit seinem Pferd Billy Ordnung ins Chaos brachte, die Menschen zur Seitenlinie zurücktrieb und das Spielfeld räumte. Auf den Schwarz-Weiß-Aufnahmen erscheint der graue Hengst weiß, daher ging das Spiel als »White Horse Final« in die Geschichte ein.

Heute erinnert die Fußgängerbrücke »White Horse Bridge« am Stadion an Billys Heldentat.

Während der Partie standen die Zuschauer so nah am Feld, dass manche am Torpfosten lehnten oder den Ball, statt ins Seitenaus rollen zu lassen, direkt wieder ins Feld kickten. West Ham United, der Club der Werftarbeiter aus East London, verlor 0:2 gegen die Gäste aus Lancashire.

Rund hundert Jahre später, im Juni 2021, wäre wohl auch Billy machtlos gewesen. Wieder kam es zu Tumulten, diesmal vor dem Endspiel der Männer-Europameisterschaft zwischen Italien und England. Tausende durch Alkohol und Drogen aufgeputschte Fans brachen durch die Sicherheitsschleusen und stürmten das Stadion. Erinnerungen an Hooligan-Krawalle kamen auf. Es war das erste Massenevent nach der Coronapandemie. Während der Lockdowns hatte sich etwas angestaut, was sich am Tag des Endspiels gewaltsam entladen musste.

Es war ein großes Glück, dass es keine Toten gab, stellte eine Untersuchung fest und nannte den Angriff auf Wembley eine »nationale Schande«. England verlor das Elfmeterschießen, die Fans trotteten enttäuscht nach Hause – und die Organisatoren atmeten auf. Wäre England Europameister geworden, hätte der aggressive Mob vor dem Stadion wohl erneut versucht, in die Arena einzudringen.

Zu Krawallen kam es in der Geschichte Wembleys immer wieder. Doch diese Ausfälle sind nur Randnotizen in den Geschichtsbüchern. Es waren die Dramen auf dem Feld, die den Mythos Wembley schufen. Und oft spielten Deutsche dabei eine Hauptrolle.

FA-Cup-Finale 1956: Der deutsche Kriegsgefangene Bert Trautmann bricht sich in Wembley bei einer verunglückten Aktion das Genick und renkt sich fünf Halswirbel aus. Doch er hält das gesamte Spiel durch und gewinnt mit Manchester City 3:1 gegen Birmingham City. »Traut the Kraut« wird vom Feindbild zum Helden. Ein entscheidender Moment in der Versöhnung zwischen Briten und Deutschen nach dem Zweiten Weltkrieg.

Weltmeisterschaft 1966: Finale zwischen England und Deutschland. In der 101. Minute erzielt Englands Geoff Hurst das Wembley-Tor, den berühmtesten Phantomtreffer der Fußballgeschichte. England gewinnt letztlich 4:2. Und Kapitän Bobby Moore bekommt von Queen Elizabeth II. den Coupe Jules Rimet überreicht. Für mehr als ein halbes Jahrhundert wird es der einzige bedeutende Titel für das Mutterland des Fußballs sein.

Dreißig Jahre später, Halbfinale der Europameisterschaft 1996. Die Fußballhymne »Three Lions« mit dem Refrain »It's Coming Home« ist geboren. Wieder trifft England auf Deutschland, wieder in Wembley. Es kommt zum Elfmeterschießen. Der noch unerfahrene Gareth Southgate verschießt, Deutschlands Andreas Möller trifft anschließend eiskalt. Und bringt mit seiner hochnäsigen Jubelpose das englische Publikum zum Schäumen. Durch Oliver Bierhoffs Golden Goal im Finale gegen Tschechien wird Deutschland in

Wembley Europameister. Und Queen Elizabeth überreicht Jürgen Klinsmann den EM-Pokal.

Dann das Millennium: letztes Spiel im alten Wembley, dem alten Empire Stadium mit seinen weißen Glockentürmen. Für das Abschiedsspiel lädt der englische Verband Deutschland ein. Dietmar Hamann zieht aus der Distanz einfach mal ab, Torwart David Seaman flutscht das Leder durch die Finger – die Gäste gewinnen 1:0. Selbst die Abrissparty müssen die Deutschen noch vermiesen.

Wembley ist mehr als eine Fußballarena. Hier boxte Muhammad Ali, hier sang Bob Geldof beim Live Aid gegen das Elend Afrikas an. Nelson Mandela schwor die Welt auf den Kampf gegen die Apartheid ein. Und natürlich tanzten hier Freddie Mercury, die Spice Girls, Madonna und Take That.

Auf dem Grundstück des Empire Stadium entsteht die Multifunktionsarena Wembley mit dem ikonischen Stahlbogen. Sie wird mit acht Jahren Verspätung fertig und kostet dreimal so viel wie geplant. Doch auch in das moderne Heim zieht der Mythos ein.

2011 gewinnt hier der FC Barcelona mit Lionel Messi die Champions League gegen Manchester United – dank Tiki-Taka, dem zur Kunstform erhobenen katalanischen Kurzpassspiel. 2013 treffen sich zwei deutsche Teams im Finale. Der FC Bayern gewinnt gegen Borussia Dortmund und dessen Trainer Jürgen Klopp, der später als Liverpools deutscher Erfolgscoach die Beliebtheit von Bert Trautmann noch übertrifft.

Unser Wembley-Finale beginnt verhalten. Mit

Pop, Pyrotechnik und einem echten Prinzen wurde Matilda ein Spektakel versprochen. Doch die Teams wollen nichts riskieren, lieber taktieren. Wie soll ich ihr erklären, dass Endspiele wie Krimis sind? *Slow burn*. Subtile Spannung. Ein Feuer, das leise knistert. In das du geduldig hineinschauen musst. Denn aus der Flamme kann ein Feuerwerk werden – hoffentlich.

Halbzeit. Wir holen Falafelbällchen und Pommes. Ich versuche, mit Holzgabeln und Mayo-Klecksen im Pappbecher die Abseitsregel zu erklären. Weil ja sonst nicht viel passiert.

68. Minute. Die Dänin Pernille Harder, zeitweise mit einer Ablöse von dreihundertfünfzigtausend Euro die teuerste Fußballerin der Welt, sprintet los. Ein Raunen geht durch das Rund. Ihr Pass kommt flach und scharf vors Tor. Sam Kerr, Chelseas Torjägerin, schießt aus zwei Metern ein. Keine Chance für United-Keeperin Mary Earps.

»*Goal!*«, flackert auf den Bildschirmen im Stadion. Ich springe auf, balle die Faust. London eins, Nordengland null. Pommes plumpsen zu Boden, Falafelbällchen fliegen hinterher. Es regnet Fritten statt Bier. Matilda schaut erst fasziniert, dann ungläubig. Auf den Vater und die anderen Übergeschnappten. Sam Kerr, Fan-Liebling aus Down Under, rennt in die Kurve. Ein lässiger Salto rückwärts vor einer Kulisse aus blauer Ekstase.

Jetzt ist es vorbei mit dem Einschlaffußball. *Come on, United!* Die Manchester-Fans hinter uns haben noch Hoffnung. Aber nicht alle. »Schau mal«, flüstert mir Matilda betroffen zu, »das Mädchen neben uns ist ganz traurig.« Tatsächlich schauen die Krimileserin und ihre Schwester etwas verdrießlich.

Ich versuche eine Erklärung: Weißt du, Sport ist das Spielen der Erwachsenen, liebe Matilda. Mit dem Fußball spielen wir die schönen und weniger schönen Erfahrungen des Lebens nach. An einem sicheren Ort und mit festen Regeln. Dazu gehört das Gewinnen. Und auch das Verlieren. Aber – und das ist wichtig: Jede Enttäuschung macht uns ein bisschen stärker und vielleicht auch ein bisschen schlauer, und deshalb …

Die Stadionansage unterbricht meinen etwas aufgeblasenen Exkurs, um Historisches zu verkünden: Siebenundsiebzigtausenddreihundertneunzig Fans sind heute in Wembley. Noch nie zuvor hat ein nationales Match zweier Frauenteams so viel Publikum angelockt. Wir sind Weltrekord. Ihr habt heute Geschichte geschrieben, gratuliert uns Wembley. Jetzt jubeln rote und blaue Fans gemeinsam.

Die Stimmung erinnert mich an die Frauen-EM 2022. Ein Jahr nach der Post-Corona-EM, die mit der Finalniederlage gegen Italien und den hässlichen Szenen vor dem Stadion enttäuschend endete, sind es Englands Fußballerinnen, die in Wembley: *It's Coming Home* singen.

Damals versetzen die »Lionesses« die Nation in einen Rausch. Im Finale gegen Deutschland schießt Chloe Kelly in der Verlängerung den 2:1-Siegestreffer. Wembley bebt. Jubelschreie von Birmingham bis Brighton. Es ist der erste wichtige Titel für England seit der Weltmeisterschaft 1966. Die Queen gratuliert: »Eure Leistung ist eine Inspiration für Mädchen und Frauen – und für künftige Generationen.«

In Wembley ist damit auch ein neuer Massensport geboren. Frauenfußball passt zum Zeitgeist, er dient zu Recht als Ausweis für Inklusion und Diversität. Und ist (noch) ein Gegenentwurf zum überkommerzialisierten und moralisch ausgehöhlten Männerfußball.

Es bleibt beim 1:0 für Chelsea. Super-Sam ist die Heldin von Wembley. Es ist ihr dritter Finaltreffer in Folge. Auch das gab es noch nie. Prinz William ist zurück und hängt auf dem Balkon unter der Ehrenloge den Heldinnen in Blau die Medaille um den Hals. Danach tragen sie den Pokal auf den Rasen und küssen im Konfettiregen das Silber.

Auf dem Heimweg brennt die Sonne unsere Wangen rot. Eine müde Masse wälzt sich der U-Bahn-Station entgegen. Matilda sitzt wieder auf meinen Schultern.

Ich würde sie nun gerne freundlich verhören: Wie fandest du Sams Salto? Hat dir die Party auf dem Rasen mit dem Pokal gefallen? Erzählst du morgen in der Schule, wo wir waren? Wollen wir bald mal wieder nach Wembley?

Stattdessen schließe ich kurz die Augen. Sauge die Atmosphäre ein. Und die wirklich entscheidende Frage stellt dann ohnehin Matilda: »Papa, bekomme ich jetzt endlich ein Eis?«

Am Bahnsteig tropfen Schoko und Vanille von unseren Fingern auf den Asphalt. Als der Zug ins Dunkel des Untergrunds abtaucht, legt Matilda ihren Kopf auf meine Schulter und schließt die Augen.

Ein paar Tage nach dem Besuch in Wembley. Ich sitze am Schreibtisch, blättere in meinem Notizbuch und entdecke auf einer leeren Seite Matildas Schrift. An sich nichts Ungewöhnliches. Manchmal malt sie Blumen, Häuser oder Tiere in meine Blöcke. Oder schreibt ihren Namen hinein. Doch das ist neu: Sie hat die Umrisse des FA Cups gezeichnet: den Henkel, den Sockel, den Deckel des Silbertopfs. Alles sehr akkurat. Daneben steht in den krakeligen Buchstaben der Schreibanfängerin: »pocal«.

Der Mythos Wembley lebt. Er wirkt.

Im goldenen Käfig

Zwischen Luxus und Londongrad: Zu Besuch in Mayfair, der Spielwiese der Superreichen

Kurz vor Ostern kann er endlich wieder lächeln. Zumindest für einen Augenblick. Jewgenij Tschitschwarkin steht vor seiner Weinhandlung in der Davies Street in Mayfair und mustert die Dekoration für die Festtage. Ein überdimensionaler Plüschhase, er könnte das Spielzeug eines Riesenbabys sein, ist auf dem Gehsteig drapiert. Dahinter leuchten im Schaufenster Hunderte Flaschen Wein, Whiskey, Champagner und Tequila. Ein flüssiger Goldschatz in einem Tresor aus Glas.

»Gefällt mir«, raunt Tschitschwarkin, dann zwirbelt er seinen Salvador-Dalí-Bart. Humor und Hochprozentiges – genau dafür steht seine Weinhandlung »Hedonism Wines« im Nobelviertel Mayfair. Hier protzt und prahlt London ganz ungeniert. Zwischen Savile Row, Hyde Park und Piccadilly lebt die Metropole ihre Gier nach Geld und ihre Lust auf Luxus aus. Tschitschwarkin weiß, wie er diese Bedürfnisse befriedigen kann. Wer Dekadenz besichtigen will, sollte den Weinkönig besuchen.

Der Achtundvierzigjährige könnte eine Figur aus einer Erzählung von Tschechow sein. Er strahlt die Aura des Dandys aus, trägt einen scharlachroten Mantel und einen abgewetzten Filzhut. Er hat Gewichtheberschultern und fleischige Finger. Seine Stimme klingt überraschend sanft und in seinem Lausbubengesicht erkennt man Melancholie. Ist es der Schmerz eines Mannes, der alles hat und dennoch an der Welt verzweifelt?

Seit fünfzehn Jahren lebt Tschitschwarkin im Exil in England. In den wilden Jahren nach dem Ende des Eisernen Vorhangs war er sehr jung sehr reich geworden – der klassische Karriereweg eines Oligarchen. Doch er kritisierte den Kreml und klagte über die Korruption der Behörden. Die warfen ihm daraufhin Steuerhinterziehung, Entführung und Erpressung vor – falsche Anschuldigungen, wie der Geschäftsmann beteuert. Um dem Gefängnis zu entgehen, flüchtete Tschitschwarkin nach London. Und wurde Weinhändler und Gastronom. Ihm gehört auch das Sternerestaurant »Hide« neben dem Ritz.

Die Wein-Boutique läuft bestens, glücklich macht ihn das aber nicht. Als im Februar 2022 russische Panzer Richtung Kiew rollten, wurde wahr, was Tschitschwarkin lange befürchtet hatte. »Für Putin sind Menschen wie Würmer, die man zertreten kann, wenn sie stören.« Das sagte er schon 2014, als sich der Despot die Krim einverleibte. Tschitschwarkin fürchtete um seine Heimat. Und er hat Sorge, dass der Herrscher in Moskau noch mehr Unheil und Verderben bringen wird.

Tschitschwarkin hat also viel zu erzählen: von Flucht und Verlust, von Geld und Gier. Von seinem Weg aus Leningrad nach Londongrad. Bevor er damit beginnt, will er mir aber zunächst seinen Laden zeigen.

Dreitausend Sorten edle Spirituosen lagern in den Regalen und im Keller. Die Sammlung hat einen Wert von fast zehn Millionen Pfund. Die teuersten Tropfen sind in Glasvitrinen eingeschlossen. Ein fünfundfünfzig Jahre alter Yamazaki Single Malt etwa. Auf dem Preisschild steht: 650.000 Pfund.

Wie verkauft man eine Flasche Alkohol, die mehr wert ist als zwei nagelneue Lamborghinis? Packt man sie in eine schöne Tüte und legt die Quittung dazu?

Nein, nein, erklärt Tschitschwarkin und streicht sich leicht spöttisch über den Bart. Das läuft so: Du bekommst einen Anruf aus Shanghai. Der Käufer bestellt und bezahlt. Dann schickt er eine Limousine. Die liefert die Fracht zum Privatjetterminal. Von dort hebt der Tropfen gen Shanghai, Mumbai oder Barbados ab. Getrunken wird die Ware eher nicht. Es kommt ja auch niemand auf die Idee, einen Goldbarren wie Parmesan über die Pasta zu raspeln – wobei: Tschitschwarkins Kundschaft wäre es zuzutrauen.

Whiskey ist eine Wertanlage für die globale Geldelite. Und die fühlt sich in London traditionell wohl. In diesem Jahr residieren rund hundertsiebenundsiebzig Milliardäre in Großbritannien, mehr als jemals zuvor. Ein Drittel der britischen Kinder lebt in Armut.

Doch in Mayfair ist von der harten Realität des gemeinen Volkes nichts zu spüren. Das Viertel war schon vor Hunderten Jahren ein Rückzugsort des Adels, der weit weg sein wollte von Dreck und Elend. Zwischen den cremefarbenen Stadtvillen treffen heute britische Aristokraten auf Asian Rich Kids, Nahost-Prinzlinge auf Kryptobörsianer, Oligarchen auf die Geldverschieber der Hedgefonds.

Londons Gier nach den nicht immer sauber gesammelten Milliarden aus dem nahen und dem fernen Osten hat tiefe Wurzeln. Nach dem Zweiten Weltkrieg stand das Vereinigte Königreich kurz vor dem Bankrott. Die City of London diente sich der Sowjetunion an, die keine Dollarreserven in amerikanischen Banken halten wollte. Also arrangierte man sich mit den Geldhäusern an der Themse. Diese verliehen untereinander »Eurodollar« auf einem weitgehend unregulierten Markt.

Während sich das alte Empire auflöste, entstand ein neues: das Imperium der Offshore-Steuerparadiese. Und was an Geldern zwischen Zypern, britischen Jungfern- und Kanalinseln verschoben wurde, säuberte der »Londromat«, die größte Geldwaschanlage der Welt. Transparency International schätzt: Allein eins Komma fünf Milliarden Pfund an schmutzigem Geld aus Russland ist in Londoner Immobilien angelegt.

Viele Jahre versuchte die britische Regierung, mit »goldenen Visa« schwerreiche Investoren anzusiedeln. Zu jenen zählte auch Roman Abramowitsch, Oligarch und ehemaliger Besitzer des Fußballclubs FC Chelsea. Der Milliardär schaffte es – zumindest geografisch – ins Herz der britischen Macht. Seine Villa in Kensington Palace

Gardens liegt direkt gegenüber der Residenz von Thronfolger Prinz William. Nach Russlands Angriff auf die Ukraine wurden Abramowitschs Assets – mit jenen anderer sanktionierter Oligarchen – eingefroren.

Menschen mit Geld und teurem Geschmack habe die Stadt viel zu bieten, sagt Tschitschwarkin. Und zählt auf: schöne Anwesen, tolle Kaufhäuser, noble Restaurants, renommierte Privatschulen. Firmen gründen und verkaufen geht so rasch und problemlos, wie die überschüssigen Mittel in den Putz und die Fugen georgianischer Anwesen zu investieren. Jeder in Mayfair verbaute Ziegelstein ist ein Goldbarren.

Die Filetstücke, die Immobilienhaien besonders Appetit machen, hat sich allerdings schon vor Jahrhunderten die britische Aristokratie gesichert. Hugh Grosvenor, der Duke of Westminster, besitzt in Mayfair Grund und Boden im Wert von fast zehn Milliarden Pfund. Vater Gerald fasste das Schicksal seines Sprosses so zusammen: »Niemand wurde mit einem größeren goldenen Löffel geboren.«

Tschitschwarkin hat sich in der Welt der Londoner High Society gut eingerichtet. Er hat ein Landhaus in Windsor und ein Townhouse in Chelsea. Neulich machte die *Vogue* eine Homestory, zeigte seine mächtige Küche und die edlen Kupferpfannen. Der Russe liebt gutes Essen, umso mehr, wenn es nach Zuhause schmeckt: Rote Bete und Kraut, Rahm und Ochsenschwanz, Borschtsch und Piroggen. Ja, auch der Gaumen hat manchmal schreckliches Heimweh.

Beim Spaziergang durch das Viertel wird klar, warum Tschitschwarkin und seinen reichen Nachbarn die Gegend zusagt: Die schmalen Straßen sind sauber. In der Luft liegt eine für Großstädte ungewöhnliche Blumenfrische – dazu die lässige Eleganz der britischen *upper class*.

Vor Alfred Dunhills Herren-Boutique grüßt ein Butler mit Melone. Die *Lady* mit dem schweren Pelzmantel kommt vom Einkauf im royalen Kaufhaus Fortnum & Mason. Man spürt eine nachbarschaftliche Nähe. Ein starker Kontrast zu den gesichtslosen und abgeschotteten Reichen-Enklaven in anderen Metropolen.

Drüben in der Berkeley Street blitzt im Showroom von Rolls-Royce der Monster-SUV Cullinan, natürlich das Modell der exklusiven Black-Badge-Serie. Wer es sich leisten kann, der lässt sich beim *Bespoking*, der Individualisierung des Autos, den Staub zerstoßener Diamanten auf die Kühlerhaube polieren.

Doch in Mayfair wirkt selbst ein Rolls-Royce gewöhnlich, ja, fast ordinär. In Churchills Staatskarosse quetschen sich längst auch die mittelmäßigsten Premier-League-Fußballer im Schritttempo durch den Stau an der Chelsea Bridge. Nur die wenigsten können sich hingegen die Luxuskisten leisten, die Steve Varsano in der Park Lane anbietet.

Wie Tschitschwarkin ist Steve Varsano eine filmreife Figur. Londons schillernder Privatjet-Broker – lässiges Porzellangrinsen, teurer Maßanzug – betreibt gegenüber dem Hyde Park eine Privatjet-Boutique. Gäste empfängt der Amerikaner im Nachbau des Interieurs eines Jets mit den typischen cappuccinobraunen Sesseln, edlen Hölzern und polierten Champagnergläsern.

London sei noch internationaler als New York, sagt Varsano. Nahezu jeder Ultravermögende habe hier zu tun, beruflich oder privat. Und Mayfair sei »wie ein Dorf«, wo man einander dauernd begegnet. Ein *global village* für die *global rich*.

Varsano ist ein guter Freund von Richard Caring, dem Gastro-Mogul des Viertels. Der Party-Impresario ist eine Legende im Londoner Nachtleben. Zu seinem Reich gehört das Fischlokal »Scott's«, in dem James-Bond-Erfinder Ian Fleming gerne speiste. In der geheimnisvollen Welt seines Privatclubs »Annabel's« feiern Prinzessin Eugenie und Lady Dianas Nichte Kitty Spencer.

In seinem Nobel-Italiener »Bacchanalia« sollen sich die Gäste wie römische Kaiser fühlen. Handmodels zupfen Weintrauben und legen sie den Speisenden auf die Zungen. Für diese delikate Aufgabe suchte das Lokal zumindest per Zeitungsanzeige »Traubenfütterer« mit »prächtigen Händen«.

Man kann das Treiben im Zirkus Mayfair für dekadent und unmoralisch halten. Doch die meisten Londoner denken nicht so. Was im Biotop der Bestverdiener vor sich geht, ist der großen Mehrheit egal. Sozialneid ist kaum ausgeprägt, zumindest äußert er sich nicht auf aggressive Art. Man geht seinem eigenen Geschäft nach und lässt den anderen in Frieden. Neulich stänkerten vor Varsanos Jet-Boutique eine Handvoll Klimaprotestler. Das war's dann aber auch mit der Reichenverachtung.

Zurück im Hedonism Wines. Ich will von Tschitschwarkin wissen: Ist London sein Zuhause geworden? Oder lebt er in einem goldenen Käfig?

Tschitschwarkins Vater war Aeroflot-Pilot, seine Mutter eine Beamtin im Apparat der Breschnew-Regierung. Der Familie ging es gut. Als der Eiserne Vorhang fiel, war auch Tschitschwarkin heiß auf die Versprechen des Kapitalismus. Er verkaufte Lippenstift, Schallplatten und anderen Ramsch. Mit ein paar Tausend Rubel Startkapital gründete er den Handyshop Euroset. Mit vierundzwanzig Jahren war er Herrscher eines Geschäftsimperiums mit fünftausend Filialen zwischen der Krim und Jakutien.

Doch Tschitschwarkin wollte nicht nach den Regeln von Putins Herrschaftsapparat und der Oligarchie spielen. Nach seiner überstürzten Flucht aus Russland finanzierte er die russische Opposition um den Regimekritiker Alexej Nawalny und den ehemaligen Oligarchen Michail Chodorkowski, der ebenfalls in London lebt.

Tschitschwarkin war seit seiner Flucht nicht mehr in Russland. Seine Mutter starb 2010 mit nur sechzig Jahren in ihrer Moskauer Wohnung, sie stürzte und schlug sich den Kopf auf. Ein fataler Unfall soll es gewesen sein, sagen die Behörden. Doch Tschitschwarkin glaubt an Mord. Er kam nicht zur Beerdigung. Er hielt es für eine Falle. Musste deshalb seine Mutter sterben? Damit es einen Anlass für seine Rückkehr gab – und eine Möglichkeit, ihn festzunehmen? Oder war die Tat die Rache des Kremls? Weil Tschitschwarkin trotz

Interpol-Haftbefehls in London Unterschlupf bekam? Jede Frage ist ein Messerstich ins Herz.

Wer Putin kritisiert, lebt gefährlich. Mehr als ein Dutzend Attentate wurden auf britischem Boden von russischen Agenten verübt, glaubt die CIA. »Ich habe keine Angst«, sagt Tschitschwarkin. Er wird sich nicht verkriechen wie ein Wurm. Denn Würmer werden zertreten.

Tschitschwarkin hat es auf der sozialen Leiter Londons weit nach oben geschafft. Er spielte mit den Prinzen William und Harry Polo. Und er weiß, wie die *upper class* tickt. Er hat sich ihre Symbole zu eigen gemacht, das zeigt er schon mit seinem verschlissenen Filzhut. In Moskau würden sie ihn auslachen, aber in Großbritannien trägt selbst der König löchrige Socken. Verlotterter Wohlstand als edelste Form des Understatements.

Tschitschwarkin kriecht nun im Weinkeller auf den Knien herum, er sucht ein Regal ab. Er findet eine Ausgabe von Margaret Thatchers Buch »Statecraft«, daneben eine Flasche House of Lords Champagner, auf dem Etikett die Unterschrift der Eisernen Lady. Aber das ist es nicht, was er zeigen will. Schließlich findet er einen weißen Burgunder, einen Montrachet Ramonet, Jahrgang 1995. Preis: 48.800 Pfund. Tschitschwarkin hält die Flasche ins Licht und sagt ohne den Hauch einer Emotion in der Stimme: »Mit diesem Wein werde ich auf Putins Tod anstoßen.«

Vor dem Schaufenster versammeln sich Passanten. Sie machen Fotos von dem lustigen Riesenplüschhasen. Ein Mitarbeiter sagt, ein Kunde wolle die eben erworbene Champagnerflasche von Tschitschwarkin signieren lassen. Also legt er den Montrachet zurück ins unterste Regal. Zu den anderen teuren Flaschen, die Staub angesetzt haben. Und die vielleicht nie geöffnet werden.

Die Curry-Queen

Wie die Köchin Asma Khan Londons Heißhunger stillt – und dabei die Welt verbessert

Ein Uhr mittags im »Darjeeling Express« in Soho. Eine Aromawolke aus Zimt, Kreuzkümmel und Koriander zieht durch den Raum. Knallgelbes Linsen-Dal dampft auf den Tischen. Paratha-Fladenbrote versinken in feurigen Dips. Eine Gruppe amerikanischer Touristen macht sich über Tamatar-Fleischbällchen her. Und feiert jeden Bissen wie eine Offenbarung: *Oh my God, so good!*

Asma Khan winkt mich heran zur offenen Küche, vorbei an den Amerikanern, näher an die dampfenden Kochtöpfe. Ich habe mich mit Londons *Curry*-Queen verabredet, um sie zu ihrer Erfolgsstory zu befragen. Und zu Londons Liebe für die Gerichte und Aromen des Subkontinents. Doch es ist die aus Kalkutta stammende Köchin, die zuerst ein paar Fragen loswerden muss.

»Was magst du essen? Bist du Vegetarier? Nein? Dann probiere zuerst die würzigen Keema Toasties mit Hackfleisch-Füllung, die habe ich schon als Kind geliebt. Und natürlich die Teigtaschen, die Chicken Momos, die findest du sonst nur in Kalkutta, in den Garküchen der Einwanderer aus China. Und ohne die Tangra Garnelen mit Chilis zu kosten, lasse ich dich nicht nach Hause gehen. Du isst doch gerne scharf oder etwa nicht?«

Khan, Jahrgang 1969, trägt einen traditionellen Sari und Goldschmuck. Ihre Augenlider sind mit dunklem Kajal nachgezogen. Sie strahlt Würde und Warmherzigkeit aus, ihre aristokratische Aura würzt sie mit einer Prise Witz. Sie ist die Sonne, die das Leben in ihrem Kosmos mit Licht und Wärme versorgt.

Kahns Restaurant ist unter den rund viertausend indischen Lokalen der Stadt eines der populärsten. Denn es serviert Streetfood, wie man es eigentlich nur in den Straßen von Mumbai, Hyderabad oder an den Ufern des Golf von Bengalen findet. Dazu Klassiker ihrer Familienküche wie den Reistopf Biryani, die kulinarische Entsprechung einer bombastischen Bollywood-Oper.

Das Lokal ist auch Khans Rebellion gegen die Gewohnheiten der Londoner Spitzengastronomie und deren Ruf als Ausbeutungsbetriebe. In der Küche arbeiten nur Frauen und alle sind – wie Khan – Einwanderinnen aus Asien. Die Köchinnen werden alle gleich bezahlt. Der Dienstplan berücksichtigt die Verpflichtungen des Familienlebens. Die enge, eingeschworene Truppe aus Freundinnen steht für eine inklusive und freundliche Küchenkultur, ein Kontrast zu den branchenüblichen Missständen, dem weitverbreiteten Sexismus gegenüber Köchinnen und dem Despotismus mancher Starköche.

Khan wurde durch die Netflix-Erfolgsserie »Chef's Table« berühmt. Die Show dokumentierte ihre Herkunft, ihre Küche und ihr soziales Engagement, mit dem sie das gesellschaftliche Stigma gegenüber Mädchen in Indien brechen will. 2024 wurde sie vom *Time Magazin* zu einem der hundert einflussreichsten Menschen der Welt gewählt. Sie berät den Londoner Bürgermeister Sadiq Khan und hält Vorträge an britischen Elite-Unis. Ihre Mission: Mit der Kraft des Gastgebens die Welt ein wenig besser machen.

Asma Khans Story handelt von den Möglichkeiten, die London allen Menschen bietet, die eine Leidenschaft haben und den Ehrgeiz, etwas Bedeutendes aus ihr zu machen.

Wir sitzen nun in einem Separee, das uns durch einen Vorhang vom Gastraum trennt. Khan lässt einmal die gesamte Vorspeisen-Karte auftischen, sie kann sich einfach nicht entscheiden, was bei der Verkostung verzichtbar wäre. Duftende Snacks schweben auf Tellerchen herein, Schalen mit Chutneys und Chili-Saucen, dazu zwei Becher Chai-Tee.

Ich beiße in einen Vadu Pau, Streetfood aus Mumbai, ein fluffiges Burgerbrötchen gefüllt mit einem würzigen Kartoffelbratling. Eine vielschichtige, warme Schärfe erfasst meinen Gaumen und weckt Erinnerungen an meine erste Backpacking-Tour durch den Subkontinent, die von Rajasthan im Norden bis nach Kerala im Süden führte, meistens im Zug, fast immer in der billigsten Klasse. Es war ein Trip, der nicht nur kulinarisch überwältigte.

Khan schaut mir zufrieden beim Kauen zu. Und erzählt einfach mal drauflos.

»Meine erste Erinnerung an Londoner Essen ist

ein Besuch im Burger King in Earls Court. Oder war es ein Kentucky Fried Chicken? Genau weiß ich es nicht mehr. Mein Vater war für zwei Monate zu einer Fortbildung nach London eingeladen worden. Also nahm er mich, meine Mutter und meine Geschwister mit. In Kalkutta hatten wir kein amerikanisches Fastfood. Als wir in England Burger mit Pommes aßen, fühlten wir uns sehr cool, sehr westlich. Wie Helden in einem amerikanischen Cartoon.

Natürlich haben wir uns auch den Buckingham Palace angeschaut, haben uns vor dem Tower und Big Ben fotografiert und gönnten uns einen Afternoon Tea. Wir haben auch Fish and Chips probiert. Und ich dachte: Wie kann Fisch nur so fad schmecken? Ganz nach meinem Geschmack war hingegen Trifle: das bunte, aus Custard, Obst, Biskuitkuchen und Schlagsahne geschichtete, sehr britische Dessert.

Wir wohnten in einer Ferienwohnung in Tooting und meine Mutter war froh, dass sie heimische Gerichte kochen konnte. Dass es dafür in den asiatischen Shops alle Gewürze und Zutaten gab, hatte sie sehr überrascht. So saßen wir also in London und aßen genau wie zu Hause in Kalkutta.

Ich wurde in eine muslimische Familie mit aristokratischen Wurzeln geboren – als zweite Tochter. Wie bei zweitgeborenen Mädchen üblich, wurde meine Geburt nicht gefeiert. In der patriarchalen Gesellschaft Indiens herrscht enormer Druck, einen männlichen Erben zur Welt zu bringen. Eine Tochter ist eine Bürde. Eine zweite ist ein Desaster.

Der Vater gibt sein Land, seinen wichtigsten Besitz, an den Sohn weiter. Jungen werden vergöttert. Und Mädchen ruinieren die Familie. Wegen der Mitgift und weil man ihre teure Hochzeit bezahlen muss.

Mädchen spüren diese Enttäuschung früh, vielleicht nicht in der eigenen Familie, sicher aber im Umfeld. Das hat mich als Kind verletzt. Und dieser Schmerz hat mich auch geprägt.

Meine Ammu, meine Mutter, muss das Gefühl gehabt haben, sie habe durch meine Geburt ihre Familie im Stich gelassen. Doch diese Enttäuschung löste sich schnell auf – und sie hat nie unser enges Verhältnis getrübt. Auch mein weltoffener Vater erzog mich – genauso wie meine Schwester Aman und später meinen Bruder Arif – zu Stärke und Eigenständigkeit.

Die Familie meines Vaters gehörte zu den Rajputen, einem stolzen Krieger-Clan. Meine Mutter stammt aus einem bengalischen Königshaus. Essen ist Teil unseres königlichen Erbes und war bei uns immer sehr wichtig. Denn die Familienrezepte der Mughal-Küche werden über Generationen weitergereicht.

Die Aromen und Düfte haben sich schon damals in mein Unbewusstes eingebrannt. Wenn meine Mutter in der Küche werkelte, sollte ich den Zipfel ihres Saris halten. So stellte sie sicher, dass ich dem heißen Herd nicht zu nahe kam.

Trotz dieser frühen Prägung hatte ich viele Jahre mit Kochen nichts am Hut. Lange Zeit konnte ich nicht mal ein Spiegelei machen. Heute weiß ich: Die Rezepte meiner Familie zu meistern, die Aromen meiner Heimat zu schmecken und damit unsere Traditionen bewahren zu können – das war meine Rettung. Und wurde meine Berufung.«

Londons Liebe für indische Geschmäcker geht auf das Empire und den Kolonialismus zurück. Die britischen Soldaten und Beamten kamen schnell auf den Geschmack der fremden Gerichte Asiens. Um 1800 verkaufte Payne's Oriental Warehouse in der Regent Street Chutney, Gewürze und Eingelegtes aus den südasiatischen Kolonien. Eine Dekade später eröffnete Sake Dean Mahomed, ein ehemaliger Offizier in der Armee der East India Company, das »Hindoostane Coffee House« in Mayfair.

Londons erstes indisches Lokal lockte mit Shisha-Pfeifen und laut einer Anzeige in der *Times* mit den »besten *curries*, die jemals in England gekocht wurden«. Noch waren die Londoner aber nicht auf den Geschmack fremder Gerichte gekommen, das Lokal musste bald schließen. Besser lief das türkische Bad, das Mahomed anschließend in Brighton eröffnete. Es bot sogar *shampooing* an, abgeleitet von der indischen Kopfmassage Champi. Als Gastronom blieb der Inder glücklos, dafür schenkte er der Welt ein bis heute gebräuchliches Wort für Haarpflegemittel.

Erst nach dem Zweiten Weltkrieg wurde das *Curry House* Teil der britischen Kultur. Im 19. Jahrhundert schufteten Zehntausende Lascars, Seemänner aus Asien und dem Nahen Osten, als

Heizer auf britischen Dampfern. Wer die erbarmungslose Plackerei und die damit einhergehende Ausbeutung überlebte, ging in London von Bord, suchte nach besseren Jobs, bettelte oder kam in Armenhäusern unter. So siedelte sich in den folgenden Jahrzehnten im Londoner East End die erste asiatische Community an.

Kaum waren der Zweite Weltkrieg und der London Blitz überstanden, eröffneten Lascar-Nachkommen in den zerbombten Cafés und *Fish-and-chips*-Shops neue Lokale und boten auch südasiatische Gerichte an. Es war die Geburt der berühmten *Curry Houses* der Brick Lane. Heute tanken hier Nachtschwärmer aller Nationalitäten mit einem zu cremigen, zu schweren und vielleicht auch zu günstigen Chicken-*Curry* noch mal Kraft, bevor sie in eine lange Nacht in den Clubs und *pubs* von East London aufbrechen.

In den sechziger und siebziger Jahren kamen Millionen Einwanderer aus den ehemaligen britischen Kolonien in Ostafrika und Asien in den britischen Großstädten an. Das *curry* im »Cheap Indian« wurde zur Londoner Entsprechung des Berliner Döners: halbwegs schmackhaft, überall verfügbar und den lokalen Bedürfnissen angepasst.

Statt im Kesselraum schufteten die Nachkommen der Lascar als *DC (dish cleaner)* oder *OC (onion cutter)*. Auch sie wollten der Armut in ihren Herkunftsländern entkommen. Und rührten dafür aus Reis, Hähnchenbrust, *Curry*-Paste, Sahne und Essig ein Gericht zusammen, das mit der Küche ihrer

Heimat so viel zu tun hatte wie spanischer Chorizo mit einem Wiener Würstchen.

Dennoch wandelte sich innerhalb von zwei Jahrhunderten »indisches Essen« von einem Kuriosum zum wahren britischen Nationalgericht. 2001 erklärte Tony Blairs Außenminister Robin Cook Chicken Tikka Masala zum kulinarischen Markenzeichen der Nation und zu einem Symbol für den erfolgreichen Multikulturalismus in Großbritannien. Auch der Politikbetrieb in Westminster hat seinen Lieblingsinder. Kurz vor dem Brexit-Referendum 2016 lieferte der »Kennington Tandoori« eine Großbestellung in der 10 Downing Street ab. Kurze Zeit später stimmte das Land für den EU-Austritt. Und der konservative Premier David Cameron musste zurücktreten. Der Mann, der den Briten das verhängnisvolle Referendum eingebrockt hatte, verabschiedete sich mit einem *curry* als letztem Abendmahl aus seinem Amt.

»Als ich in den neunziger Jahren als Studentin nach Cambridge kam, war ich schockiert vom britischen Essen. Was uns in der Mensa serviert wurde, war wirklich unerträglich. Geschmackloses Fleisch mit verkochtem Gemüse. Und das an fünf Tagen in der Woche.

Mein Mann sagte zu mir: Ich bin ein moderner Ehemann und wir führen eine moderne Ehe. Du sollst studieren, nicht in der Küche stehen. Ich koche für uns beide! Das war nett gemeint, machte aber alles noch schlimmer.

Jeden Tag kochte er uns Hühnchen mit Reis. Er

gab sich wirklich Mühe. Leider waren seine Kreationen entsetzlich.

Unsere Ehe war arrangiert worden. Ich habe großes Glück, weil mein Mann ein liberaler Mensch ist, der sich für Gleichberechtigung einsetzt. Er hatte eine Stelle als Professor für Wirtschaft in Cambridge, ich studierte dort Jura. In einer arrangierten Ehe leben anfangs zwei Fremde zusammen. Sie müssen miteinander klarkommen. Es gilt daher: Besser schweigen als beschweren.

Einmal wurde ich mit meinem Mann von einem Professor in ein indisches Restaurant eingeladen. Als sie mir ein *curry* mit Tomaten und Sahnesauce brachten, erlitt ich fast einen Herzinfarkt. Das hatte mit den Gerichten, wie ich sie kannte, nichts zu tun.

Ich hätte am liebsten protestiert, doch mein Mann warf mir einen unmissverständlichen Blick zu. Natürlich wollte ich seinen Kollegen nicht bloßstellen und biss mir auf die Lippen.

Die Anfangszeit in England war hart. Ich war sehr einsam. Ich wurde das Gefühl der Entwurzelung einfach nicht los. Meine Heimat war das tropische Bengalen. Und in England hatten die Bäume keine Blätter. Einmal legte ich meine Hand auf die Rinde. Wird sich mein Leben genauso kalt und freudlos anfühlen wie dieser Baum? Werde ich für immer im Winter gefangen sein, unfähig, aufzublühen? Das waren meine Gedanken.

Schau mal hier, ich bekomme heute noch Gänsehaut, wenn ich davon erzähle.

An meinem Schicksalstag führte mich eine Radtour an einem Haus vorbei, aus dem es nach dem vertrauten Duft von Chapati-Fladenbrot roch. Es war der Duft meiner Kindheit. Ich spürte den Sari-Zipfel meiner Mutter zwischen meinen Kinderfingern. Und die Wärme ihrer Küche. Und den Klang der Regentropfen des Monsuns auf den Blättern im Garten. Da beschloss ich, nach Hause zurückzukehren. Um bei meiner Mutter kochen zu lernen. Es war wie bei einer Musikerin, die alle Melodien und Lieder kennt, die aber noch nicht weiß, wie man sie auf dem Instrument spielt.

Über Monate ging ich bei meiner Ammu in die Lehre. Es begann mit Kartoffeln mit Kreuzkümmel. Und wurde rasch komplexer. Bald kochte ich Dawaats, große Festmahle, wie Biryani oder Pilaw mit Aprikosen und Pistazien.

Durch das Kochen baute ich eine Brücke aus meinem alten in mein neues Leben. Je mehr ich kochte, desto geringer wurde das Gefühl der Entwurzelung und der Isolation.«

Zur selben Zeit feiern Restaurantkritiker und Chefköche die Metropole als »*Foodie Capital*«, als die Welthauptstadt der Feinschmecker. London ist seinen Ruf als kulinarisches Krisengebiet endgültig los. In Chelsea eröffnet der impulsive Schotte Gordon Ramsay sein erstes Lokal und baut in den folgenden Jahren ein weltweites Gastro-Imperium auf. Im Londoner Vorort Maidenhead tüftelt Heston Blumenthal im Fine-Dining-*Pub* »The Fat Duck« an seiner Molekularküche. Clare Smyth serviert im »Core« in Notting Hill Jakobsmuscheltartare von der Insel Harris oder Steinbutt aus Cornwall und gewinnt als erste Britin drei Michelin-Sterne.

Aus Jamie Oliver wäre keine globale Ikone geworden, wäre er nicht in der Küche des Londoner Kult-Restaurants »River Café« von einem BBC-Filmteam entdeckt worden. Und dass die Kichererbsenpaste Hummus als Londons beliebtester Partysnack gilt, ist Yotam Ottolenghi zu verdanken. Der Pilateslehrer aus Jerusalem und sein palästinensischer Freund Sami Tamimi nutzten die Metropole auch als Geschmacksverstärker, um von der Insel aus den Rest des Globus für die Aromen der Nahostküche zu begeistern.

Die Schlemmertour über einen lokalen *street food market* gehört heute zum Londonbesuch wie der Bummel über den Borough Market und die Feinkostabteilung von Harrods. Der unersättliche Hunger auf Multikulti-Küche führt zu saisonalen Hypes um die jeweils neuesten Streetfood-Trends. Mit Sherlock-Holmes-Eifer versucht die Stadt, das beste jamaikanische Jerk Chicken in den Grillbuden des Brixton Market aufzuspüren. Oder sucht im Old Spitalfields Market nach den raffiniertesten sri-lankischen Reispfannkuchen. Und in der Streetfutterstelle Mercato Metropolitano in Elephant and Castle spülen Besucher ihre venezolanischen Arepas-Maisbrötchen mit einem German Hefeweizen hinunter.

Der Melting-Pot bietet also ideale Wachstumsbedingungen für Khans Küche.

Doch vorher promoviert sie noch in London über Verfassungsrecht und britischen Parlamentarismus und bringt zwei Söhne zur Welt.

Ihre Leidenschaft fürs Kochen und Gastgeben lebt sie mit *supper clubs* in ihrem Wohnzimmer aus. Die Dinnerpartys werden rasch zum Geheimtipp der Gourmetszene. Khans Söhne sind wenig begeistert und rebellieren gegen den Trubel, der zunehmend aus dem Ruder läuft.

Ihr jüngster Sohn Fariz kann ohnehin nichts mit dem Essen der Mutter anfangen. Als Grundschüler schreibt er in sein Hausaufgabenheft: »Meine Mutter kocht ganz eklig.«

Doch mit dieser Meinung steht er allein da.

Ein befreundeter Wirt überlässt Khan die Küche eines Gastro-*Pubs* in Soho. Die Gäste sind begeistert von dem indischen Streetfood, das sie gemeinsam mit anderen Einwanderinnen aus der asiatischen Community kocht. Keine hat eine Ausbildung für die Gastronomie. Sie arbeiten als Putzkräfte, *nannies* oder Haushälterinnen – sind unsichtbare Dienstkräfte ohne Aufstiegschancen.

2017 eröffnet Khan den »Darjeeling Express«, benannt nach dem Zug, der sie als Kind aus der Hitze des Monsuns ins kühle Bergland brachte. Eine hymnische Kritik der Londoner Restaurantkritikerin Fay Maschler bringt den Durchbruch. Niemand brauche mehr nach Indien fliegen, schreibt sie, authentische Küche gebe es nun in London. Kaum ist der Artikel erschienen, stehen Einheimische und Touristen Schlange, um einen Tisch zu ergattern. Sechs Jahre nach der Eröffnung ist ihr Lokal weltberühmt. Hollywoodstars jetten nur für einen *lunch* ein.

»Als ich erstmals daran dachte, ein Restaurant zu eröffnen, bewarb ich mich um einen Kredit. In der Bank sagten drei Männer in grauen Anzügen: Wenn Kochen mein Hobby sei, solle ich mit meinem Essen mal lieber meinen Mann beglücken. Auf dem Heimweg habe ich geweint. Weil ich nicht ernst genommen wurde.

Und heute? Kann jede Frau, die einen Traum hat und nicht ernst genommen wird, meinen Namen nennen. Und sagen: Asma hat es doch auch geschafft. Eine Frau, die erst im Alter von fünfundvierzig Jahren Gründerin wurde, die vorher keine Business-Erfahrung hatte. Die mit einer Truppe von Hausfrauen ohne Kochausbildung ein Restaurant in London eröffnet hat und dadurch weltberühmt wurde.

Was wir geschafft haben, gab es noch nie. Und ich glaube, das kann es nur in London geben.

London ist eine komplizierte Stadt. Wir Einwanderer vom Subkontinent haben manchmal einen düsteren Blick auf diese Metropole. Ihr Reichtum entstand aus Kolonialismus und Sklaverei. Meine Heimat wurde ausgebeutet, damit das Zentrum des Empire aufblühen konnte. Für mich hat London dennoch ein großes Herz. Die Stadt ist voller Mitgefühl und Freude. Nur hier kann ein Lokal wie ›Darjeeling Express‹ aufblühen.

In dieser Stadt kannst du alles sein. Sie wird dir nicht im Weg stehen – nur du selbst kannst das. Oder deine Ängste. Aber wenn du ein Talent hast, wenn du Musik machen kannst oder schauspielern, wenn du kochen kannst oder einfach nur eine gute Idee hast, dann bist du hier richtig.

Nur ausruhen kannst du dich nie. Ich spüre in mir noch immer ein Feuer, es erlischt nicht, auch nicht die Rastlosigkeit. Mir geht es nicht um Geld, ich will nicht mehr Lokale eröffnen oder Teflonpfannen unter meinem Namen über Instagram verkaufen. Meine Freunde, mit denen ich Jura studiert habe, fahren heute BMWs und haben riesige Häuser in Hampstead – dabei hatte ich in der Uni viel bessere Noten als sie. Aber das fehlt mir nicht. Mir geht es darum, ein Vermächtnis zu schaffen.«

Wer sich mit jungen Köchinnen, aber auch Köchen unterhält, die in das Stahlbad der Londoner Restaurantszene eingetaucht sind, hört viele traurige Geschichten. Sie handeln von Tränen und Angst, von Diktatoren in weißen Schürzen, die unbeherrscht sind und manchmal auch belästigen.

Natürlich ist das nicht nur ein Londoner Phänomen, die Spitzengastronomie hat insgesamt einen miesen Ruf, wenn es um die Arbeitskultur geht. Khan ist eine vehemente Kritikerin dieser Zustände, sie fordert, Restaurants für ihr Arbeitsklima und ihre Diversität mit Sternen auszuzeichnen statt für »die hübschen Blümchen auf den Tellern«.

Khan ist eine Getriebene, die sich instinktiv auf die Seite der *underdogs* schlägt. Weil sie selbst eine Außenseiterin ist. Eine, die sich als zweitgeborene Tochter gegen das Patriarchat stellt. Die sich als Einwanderin aus Asien in einer von weißen Männern dominierten Geschäfts- und Gastrowelt durchsetzt.

Aus diesem Geist ist auch ihr Second Daughter Fund entstanden. Er unterstützt die Ausbildung von Mädchen in Indien. Und schickt Müttern, die eine Tochter zur Welt bringen, Pakete voller Süßigkeiten und Leckereien. Damit den Eltern gar nichts anderes übrig bleibt, als die Geburt mit der Nachbarschaft zu feiern.

»Ich halte es nicht aus, wenn Menschen ausgegrenzt werden, wegen ihrer Hautfarbe, ihres Geschlechts oder ihrer Religion. Wenn Menschen unterdrückt und ausgenutzt werden.

Darum nehme ich auch kein Blatt vor den Mund, wenn es um die Missstände in meiner eigenen Branche geht. Mir ist egal, wenn mich die Leute in der Szene nicht lieben – solange mich das Mädchen liebt, das von einer Karriere als Köchin träumt und nicht länger akzeptiert, wenn sie in der Küche gemobbt und ausgebeutet wird. Ich sehe dieses Mädchen, ich spreche für sie, damit sie selbst stark genug ist, ihre Stimme zu erheben und sich zu wehren. Nur so können wir etwas verändern.

Neulich war ich zu einem Empfang im Buckingham Palace eingeladen, bei König Charles und Königin Camilla. Sie meinten, sie würden gern mal in mein Lokal kommen. Ihnen würde ich natürlich ein Biryani kochen. Aber mir geht es nicht darum, mich im Glanz der Royals zu sonnen. Ich muss für jene kochen, die nicht in Palästen leben. Ich koche, weil ich Mädchen und Frauen Mut machen will. Mit meiner Story, der Geschichte einer Londonerin. Ja, inzwischen fühle ich mich als echte Londonerin. Die Stadt ist ein Teil von mir. Und ich bin ein Teil von ihr. Ich habe ihr viel zu verdanken. Ich habe ihr aber auch etwas gegeben.

Mein Vater, der stolze Nachkomme unseres Krieger-Clans, scherzte neulich: Asma, mit dir in unseren Reihen hätten wir jede Schlacht gewonnen.«

Khan winkt einen Kellner heran. Er möge bitte Plastikbehälter besorgen, damit ich ein paar Snacks mit nach Hause nehmen kann. Es ist nun etwas stiller geworden. Die Amerikaner haben sich verabschiedet. Doch in wenigen Stunden beginnt schon der Abendservice. Khan wird Gäste begrüßen, Autogramme geben und für Fotos posieren. Das »Darjeeling Express« wird wieder voll sein. Denn Queen Asma und ihre Mitstreiterinnen servieren mehr als ein gutes *curry*. Sie bescheren eine Extraportion gutes Karma.

Cheers!

Gespenster, Poeten, schräge Vögel: Eine Kneipentour durch unverwüstliche Pubs

Eine lausige Kälte treibt uns in die Behaglichkeit des »Ye Old Cheshire Cheese«, des uralten *pubs* hinter der Fleet Street. Kerzenlicht flackert auf den Tischen und wirft tanzende Schatten auf die schiefen Wände. In den abgewetzten Dielen knarzt das 17. Jahrhundert. Die Kneipe in der City, dem historischen Londoner Stadtkern, ist auf eine angenehme Art voll, also eher lebhaft als zu laut.

Der Mann, den ich heute Abend in dieser Kneipe treffe, heißt Jeremy. Er ist Ende dreißig, hat einen roten Haarschopf, freche Augen und eine hervorspringende Hakennase. Er hat eines dieser Charaktergesichter, wie man sie in den Dickens-Verfilmungen der *BBC* an Weihnachten sieht.

Jeremy ist eine Art Hobbyforscher für *public houses*. Er sieht in den Kneipen holzvertäfelte Schatztruhen vollgestopft mit Geschichten und Artefakten, »die wahren Museen der Stadt«. Einige dieser *boozer* (*booze* ist Slang und bedeutet so viel wie Fusel oder Sauftour) will er mir in dieser Januarnacht zeigen. Mal schauen, wie viele wir schaffen.

Los geht es also im »Cheshire Cheese«, einer Institution in einem historischen Fachwerkhaus. Aus der Küche schwebt eine Portion *devilled kid-*

neys, scharf angebratene Lammnieren auf Toast. Eine Spezialität aus der Ära Queen Victorias. Bald rinnt der Fleischdampf als Kondenswasser über die dünnen Fensterscheiben. Wir sind eher durstig als hungrig. Also zwei *ale* bitte. Die erste Runde geht auf mich.

Jeremy deutet auf einen Glaskasten hinter der Theke. Darin sitzt ein ausgestopfter Vogel, genau genommen handelt es sich um einen männlichen afrikanischen Graupapagei. Sein Name ist Polly und er gilt als schrägster Vogel der Stadt. In London will das natürlich etwas heißen.

Polly, also. Jeremy nimmt einen Schluck Bier, nimmt Anlauf für eine Geschichtsstunde, die uns mehr als hundert Jahre in die Vergangenheit führt. London um 1910. Europas Großmächte beginnen mit dem Säbelrasseln, eine düstere Epoche steht bevor. Doch im »Cheshire Cheese« hat man noch gut lachen. Denn Polly steigt zu einem Unterhaltungskünstler von Weltrang auf. Neville Chamberlain und Princess Mary besuchen den Papagei, sogar Charlie Chaplin schaut sich den Vogel aus der Nähe an.

Polly ist hochintelligent und hat ein besonderes Talent für Sprachen. Er kann nicht nur nachplappern und quasseln, wie viele seiner Artgenossen. Er kann auch scherzen und fluchen und hat einen bissigen Humor. Wenn etwa Koch und Kellner nicht spuren, dann kräht der Vogel »*Scotch*« oder »*Hurry up with the pudding!*«

Polly ist auch ein guter Zuhörer, was man ja selten erlebt bei notorischen Quasselstrippen. Wenn ein Soldat vom Leiden und Sterben in den Schützengräben erzählt und Polly die Worte »Kaiser Wilhelm« aufschnappt, dann krächzt er in die Runde: »*F... the Kaiser!*« Dann prustet das ganze *pub* los. Und sogar die Kriegsversehrten müssen Tränen lachen.

Aber das ist noch nicht mal Pollys berühmteste Nummer.

Jeremy nimmt nun seinen Zeigefinger in den Mund, hakt ihn in seiner Backe ein und zieht ihn ruckartig nach draußen. Das ergibt ein »Plopp«, ein Geräusch, als würde man eine Flasche entkorken. Ein solches »Plopp!«, sagt Jeremy, konnte Polly mit dem Schnabel machen – und danach »Gluck, gluck« sagen.

Man stelle sich also vor: 11. November 1918, »Armistice Day«. An der Westfront ruhen endlich die Waffen. Der Krieg ist vorbei. Das Land, die Stadt, das *pub* und Maskottchen Polly – alle total euphorisiert. Und Polly gibt seine Plopp-Gluck-Gluck-Nummer zum Besten, immer wieder, angestachelt vom Gejohle der Gäste. Insgesamt vierzigmal, so berichten Zeitzeugen, lässt es der Vogel ploppen und glucken. Bis er völlig entkräftet in seinem Käfig kollabiert. Ein Veterinär ist zur Stelle, er flößt dem Vogel ein paar Tropfen Whiskey ein, hilft ihm wieder auf die Beine. Gott sei Dank: Polly lebt. Lang lebe unser Maskottchen!

Acht weitere Jahre hält der gefiederte Comedian noch durch. Quasselt, schimpft und scherzt. Bis ihn am 1. November 1926 die Kräfte endgültig verlassen. Weltweit erscheinen Nachrufe. *The Ex-*

eter and Plymouth Gazette schreibt: »Der nach langer Krankheit eingetretene Tod des Cheshire-Cheese-Papageis erfüllt halb London mit Schwermut.«

Doch sein Ruhm, so könnte man heute weiterdichten, sollte sich als unsterblich erweisen.

Wir stoßen an. Auf Polly. Und auf das *pub*, das einen Vogel hat. *Cheers!*

Im Alltag kann London kühl und distanziert erscheinen. Doch das ändert sich, sobald man über die Schwelle eines *boozer* tritt, von denen es dreitausend in London gibt. *Pubs* sind Glutkerne der Geselligkeit. Sie sind so bunt, laut und faszinierend wie die Metropole.

Seit seiner Stadtgründung haben in Londiniums Tavernen Römer, Normannen, Angelsachsen und andere Invasoren und Siedler gezecht. Könige und Krieger, Gauner und Geschäftemacher, Halunken und Hasardeure, Poeten und Protestler, Revoluzzer und Rebellen, Einheimische und Fremde – sie alle kamen, sahen und tranken. Die Stadt hat sich immer neu erfunden, oft ging das rasend schnell. Doch die *pubs* blieben Anker der Beständigkeit.

Trotz – oder gerade wegen – ihrer unverwüstlichen *Britishness*, bringen die *public houses* Menschen aller Kulturen zusammen. Jeden Tag. Jeden Abend. Bis zur Sperrstunde.

Das *pub* ist jedermanns Freund. Es sollte nur nicht der beste Freund sein.

Im Schankraum der *pubs* reduzieren sich die Grenzen zwischen sozialen Schichten und Bürohierarchien auf eine Armlänge, maximal eine

Tischbreite. Eine Gesellschaft, die sich obsessiv mit Fragen der Klassenzugehörigkeit beschäftigt, macht einen Ort zum Kern ihrer Identität, in dem dieses Thema bedeutungslos scheint. Soll einer die Briten verstehen.

Wie jedes berühmte *pub* hatte auch das »Cheshire Cheese« berühmte Stammgäste. Mark Twain und Sherlock-Holmes-Erfinder Arthur Conan Doyle waren hier. Agatha Christie ließ ihren Detektiv Hercule Poirot im Krimi »The Million Dollar Bond Robbery« hier speisen. Und natürlich inspirierte das Lokal auch Charles Dickens. Aber darauf hinzuweisen, findet Experte Jeremy, sei eigentlich überflüssig: »Dickens war in so gut wie jedem Londoner *pub* zu Hause.« Das könnte man übrigens auch über Karl Marx sagen.

Jeremy erzählt, wie aus seiner Leidenschaft ein Beruf wurde. Er habe stets sehr gern sehr viel Zeit in *pubs* verbracht. Auch als er noch Buchhalter in einer Bank in der City war. Es ist in Großbritannien nicht ungewöhnlich, dass sich Menschen mehrmals beruflich neu orientieren. Der Wechsel von der Buchhaltung ins *pub* dürfte allerdings auch hier als eher riskant betrachtet werden. Doch Jeremy wirkt entspannt, was seine Zukunft angeht. Auch als Hobby-Historiker werde er sich schon irgendwie durchschlagen. In London gebe es ja immer eine Chance, Geld zu verdienen.

Gewiss lassen sich in Londoner Gasthäusern noch Geheimnisse lüften, selbst in einem Lokal wie dem »Cheshire Cheese«. Während einer Renovierung eines Kamins aus dem 18. Jahrhundert fanden Handwerker vor einigen Jahren die historische Version eines Pornofilms. Die Kacheln der Feuerstelle waren mit Zeichnungen verziert, die ein Paar beim fröhlichen Liebesakt zeigen. Mit der Trennung zwischen *pub* und Puff nahm man es in der Epoche der Aufklärung wohl nicht allzu genau.

Letzter Schluck, dann Abmarsch. Es gibt ja noch mehr zu erkunden. Wir sagen Polly *goodbye*. Und besichtigen »The Old Bell«, noch so ein unverwüstlicher Fleet-Street-*Boozer*.

Die Fassade besteht aus kleinen, altertümlichen Glasfenstern. Man fühlt sich wie in einer Holzschachtel. Zwei Bier, bitte. Und die nächste Story.

1666. Eine teuflische Zahlenkombination. *Great Fire of London*. Die Stadt ist eine rauchende Ruine. Zwischen dem Tower, Holborn und dem Themseufer The Strand haben die Flammen nahezu alles verschlungen. Sir Christopher Wren soll die Metropole wiederaufbauen. Seine Steinmetze setzen die Stadt auf ein feuerfestes Fundament aus Naturstein von der Isle of Portland. Die Handwerker brauchen einen Ort zum Ausruhen. Also lässt der Baumeister seine Malocher neben der Kathedrale St. Paul's und den übrigen fünfzig Kirchen auch eine Arbeiterunterkunft errichten – und zwar an jener Stelle, an der heute »The Old Bell« seine Gäste empfängt.

Einige Epochen später ist die Gaststätte ein Treffpunkt der Londoner Druckerei- und Zeitungsindustrie. Die Story-Jäger aus der Fleet Street tauschen hier Tratsch und Gerüchte aus. Und einer verbummelt dabei fast den *scoop* seines Lebens. Im

Kalten Krieg verliert ein Reporter des *Sunday Express* seinen Notizblock, in dem er brisante Enthüllungen zu dem damals noch unbekannten Geheimdienst GCHQ und den Codeknackern in Bletchley Park notiert hat.

Als eine Bardame das Buch findet und darin die Worte »Moskau« und »Streng geheim« liest, alarmiert sie die Polizei. Zwar erlaubt die Regierung dem Reporter eine Veröffentlichung, Details zur Entschlüsselung feindlicher Kommunikation muss die Zeitung aber streichen. Die besten Geschichten mögen auf der Straße liegen. Die brisantesten Staatsgeheimnisse lassen sich auf dem Parkett der *pubs* finden.

Jeremy liebt diese Anekdoten, er trägt sie mit kindlicher Begeisterung vor. Seine Stimme hat den Klang eines geübten Sprechers (ist er in Wahrheit vielleicht doch ein Schauspieler?). Allerdings hört man so langsam, dass er schon ein paar Bier intus hat.

Wir stürzen aus der heimeligen Schachtel hinaus in die Kälte und spazieren über feuchte Gehsteige, vorbei an Backsteinwänden, durch krumme Gassen. Die Kälte beißt uns in Nase und Ohren. Mit Smalltalk halten wir uns warm.

Sag mal, gibt es das perfekte *pub*? Jeremy grinst in seinen Schal hinein. Ja, natürlich! Der Laden heißt »Moon Under Water«. Klein, sehr altmodisch, keine Musik, keine lärmende Technik. Ja, die Moderne hat da Hausverbot. Dafür kennt die Bardame jeden Gast persönlich. Sie schenkt einen wunderbar cremigen *stout* aus und serviert das obergärige Dunkelbier in Porzellanbechern. Als Snack gibt es Leberwurst und Muscheln.

Moment, was erzählt er da? »Moon Under Water«. Da war doch was.

Jeremy weiß es natürlich genau. 1946 beschreibt George Orwell in einem Essay für den *Evening Standard* das perfekte Londoner *pub* mit den eben genannten Eigenschaften. Das »Moon Under Water« ist seitdem das fiktionale Idealbild eines städtischen *public house*. Das perfekte Land-*Pub* ist wieder was anderes.

Natürlich geht es Orwell nicht darum, dass Bier in Porzellantassen besser schmeckt als aus Glas. Der Mann, der in seinen Meisterwerken »1984« und »Animal Farm« Schrecken und Hoffnungslosigkeit von Diktaturen und Dystopien beschreibt, sucht in seinen Lieblingskneipen offensichtlich den Kontrast zur düsteren Welt seiner Romane. Das *pub* als Inbegriff der Warmherzigkeit. Wo sich Familien zum *Sunday roast* treffen. Wo die Kinder im Garten rutschen, schaukeln und lachen.

Orwells perfektes *pub* ist eine Bastion der Behaglichkeit.

Genau das ist die Idee des *locals*, also jenes *pubs*, das einem Stadtviertel als erweitertes Wohnzimmer dient. Jeder Mensch in London hat ein *local*. Es sind die Fixsterne im sozialen Kosmos der Stadt. Bühnen für aufstrebende Bands, Künstler, Comedians und die nervigen Besserwisser vom Quizabend. Im *function room* des *pubs*, einem Raum für private Anlässe, wird konferiert und konspiriert, gefeiert und getrauert, aufbegehrt oder aufgeklärt.

Mein *local* ist das *pub* »The Mayflower« am südlichen Themseufer. Hier legte das berühmte Schiff ab, das die Pilgerväter in die Neue Welt brachte. Es wirkt nicht so, als hätte sich seitdem die Einrichtung wesentlich verändert. Und das macht den nostalgischen Charme dieses *boozers* aus.

Wenn es um Pracht und Schönheit eines *pubs* geht, ist in den Reiseführern meist vom »Churchill Arms« in Kensington die Rede. Seine Blumenfassade ist reinstes Instagramgold. Weniger imposant, aber umso atmosphärischer ist die »Trafalgar Tavern« in Greenwich. An Sommertagen vertilgen die Gäste unter flatternden Union-Jack-Wimpeln *bangers and mash* (Bratwürste mit Kartoffelbrei) und lassen sich auf der Terrasse entspannt die Gesichter rot brennen. Mehr britisches Sommerglück geht nicht.

Auch der Parlamentarismus hat sein *local*. Ohne den »Red Lion« gegenüber der Downing Street wäre die britische Demokratie kaum funktionsfähig. Hier wird Politik-Tratsch ausgetauscht, hier werden Deals geschmiedet und Intrigen lanciert. Und wenn nebenan, in den Houses of Parliament, eine Abstimmung ansteht, schrillt eine rote Alarmglocke. Diese praktische Erinnerung verhindert, dass sich die Volksvertreter in der Sitzungspause beim Bierchen verzetteln.

Wir sind nun an der »St Brides Tavern« angekommen, ein Lokal mit holzvertäfelter Fassade, das sich zwischen zwei hässliche Achtziger-Jahre-Bauten quetscht. Doch das nächste Bier werden wir hier nicht trinken. Für dieses *pub* hat es sich ausgezapft.

Um einem Bürokomplex Platz zu machen, erlaubte die Stadtverwaltung den Abriss. In den kommenden Wochen rücken die Bulldozer an. Jeremy sagt: »Mir blutet das Herz.« Dass er nun schnieft, liegt aber wohl eher an der Kälte. Tatsächlich hat in den vergangenen Jahrzehnten das *Pub*-Sterben bedrohliche Ausmaße angenommen. Das Boulevardblatt *Daily Mail* klagte neulich in gewohnt reißerischem Ton: Jeden Tag machen landesweit neunundzwanzig *pubs* dicht und verwandeln sich in Supermärkte, Fastfood-Buden, Trödelläden oder Moscheen.

Dabei sind nicht muslimische Gotteshäuser eine Gefahr für den Fortbestand der Gasthäuser, sondern die Mechanismen der Marktwirtschaft: Mieten, Energiekosten, Löhne, Lebensmittelkosten steigen rasant – und damit auch die Preise für ein *pint*. Zudem wirken ausgedehnte Trinkgelage und stundenlanges Herumlungern im *pub* nicht mehr zeitgemäß. Es sei denn natürlich, es steht ein bedeutendes Turnier im Rugby oder Fußball an, das die Kneipen füllt.

Viele *public houses* müssen sich neu erfinden, etwa als Gastro-*Pubs*, denn mit Essen lässt sich mehr Geld verdienen als mit Getränken. Im »Harwood Arms« in Fulham begeistert der *Sunday roast*, der traditionelle Sonntagsbraten, auch die Feinschmecker des Guide Michelin. Traditionelle *boozer* haben die besten Überlebenschancen, wenn große Brauereiunternehmen sie querfinanzieren.

Das »Cheshire Cheese« gehört mit zweihundert anderen *pubs* zum Imperium des betagten Bierbarons Humphrey Smith. Der Millionär und Unternehmer aus Yorkshire ist ein Exzentriker, der seinen Gasthäusern absurde Regeln aufbürdet – ein Verbot von Mobiltelefonen etwa oder das Untersagen von *bad language*, also derbem Fluchen. Papagei Polly hätte unter diesem Besitzer nichts zu krähen und seine Fans nichts zu lachen gehabt.

Natürlich haben Kulturpessimisten schon oft das Ende der Institution *pub* beschworen. »Wenn du deine Gasthäuser verloren hast, ertränke dein leeres Selbst«, schrieb der Schriftsteller Hilaire Belloc 1943, »denn du wirst den letzten Rest Englands verloren haben.« Jenes Jahr war finster und es stand mehr auf dem Spiel als nur der Verlust der *boozer*. Zwei überstandene Weltkriege, mehrere Wirtschaftskrisen und eine globale Coronavirus-Pandemie haben dem Kulturgut schwer zugesetzt. Und dennoch hat es sich als langlebiger und robuster erwiesen, als es die *Pub*-Pessimisten prophezeit haben.

Wir könnten ins »Magpie & Stump« gehen, direkt gegenüber dem Old Baileys, dem Strafgerichtshof. Das Lokal liegt im Erdgeschoss eines modernen Baus. Ein gemaltes *Pub*-Schild ist nicht zu sehen, dafür formen LED-Lichter den Namen.

Im 18. Jahrhundert lag hier der Hinrichtungsplatz des Newgate-Gefängnisses. Vom ersten Stock aus hatten die *Pub*-Gäste die beste Sicht auf die Exekutionen. Den Ehrengästen mit Logenplätzen am Balkon servierte man zu dem Spektakel ein deftiges *Hanging Breakfast*. Den Todgeweihten spendierte man immerhin ein letztes *pint*.

Heute wirkt das *pub* so schick und glatt gebügelt wie das Kostüm der Anwältin, die sich hier mit den Kolleginnen nach Dienstschluss einen Sundowner genehmigt. Jeremy sieht in dem Lokal einen Vorgeschmack auf das, was Gasthäusern droht, wenn Immobilienunternehmen eine Modernisierung versprechen und dann einen Ort schaffen, der so viel Charme hat wie eine Flughafenbar.

Lebhafter geht es in der »Viaduct Tavern« gegenüber zu. Die Fassade des *pubs* ist gebogen und schmiegt sich an den Verlauf der Straße an, über die alle paar Minuten rote Doppeldeckerbusse brettern.

Drinnen ist es laut. Businesshemden sind bis zum Brusthaar aufgeknöpft. Roter Lippenstift klebt an Weingläsern. Es gehört zu den ungeschriebenen Gesetzen des *pubs*, dass jedes Mitglied einer Kneipengesellschaft eine Runde bezahlt. Ist man in kleinem Kreis unterwegs, also etwa zu viert, heißt das: vier Drinks für jeden. Und nein: Man nimmt sich dafür nicht den ganzen Abend Zeit.

Schon drückt mir Jeremy ein Bier in die Hand. Das wievielte ist das jetzt eigentlich? Weil das Glas zu voll ist, schwappt Bier über meine Finger und tropft auf meine Hose. Mein Begleiter doziert ungerührt weiter.

Zu Dickens' Zeiten ist das Lokal ein Gin-Palast. Im ersten Stock knallen sich die Gäste mit Opium weg. Während des Ersten Weltkriegs randaliert ein Soldat, sticht mit seinem Bajonett in das Gemälde an der Wand. Schau da, das Loch ist immer noch zu sehen.

Großer Sprung in die siebziger Jahre. Gerüchte

kommen auf, dass im Keller des *pubs* einst Häftlinge einsaßen. Doch diese Zellen werden nie entdeckt. Hat man die armen Seelen etwa eingemauert? Tja, da bin ich jetzt natürlich nicht der Erste, der das fragt. Zumal sich Unerklärliches ereignet. Mal bellt der Hund des Wirts stundenlang die Kellertür an und keiner kann sagen, was das Tier so nervös macht. Einmal wird der Tochter des Besitzers von unsichtbarer Hand die Zeitung entrissen und geklaut. Das kann nur das Werk eines Geistes sein. Einer rastlosen Seele, die durch das alte *pub* spukt. Und weil der Grusel besser zu ertragen ist, wenn man ihm einen Namen gibt, geben sie dem Gespenst den Namen Fred.

Und *Pub*-Geist Fred, so wird berichtet, treibt bis heute seinen Schabernack. Neulich werkelte der Hausmeister im Keller, als er plötzlich eine unsichtbare Hand spürte, die sich von hinten auf seine Schulter legte. Er schreckte auf, doch da war niemand. Besonders ärgerlich für den Wirt ist es, wenn Fred ganz unbemerkt den Gästen das frisch gezapfte Bierglas leer trinkt. Auch hat er neulich die Klospülung gedrückt, in dem Moment, in dem es sich der Gast auf der Schüssel bequem gemacht hatte.

Was soll ich dazu sagen? Schon klar, Jezza!

Nach dem fünften oder sechsten Bier, so will es ein weiteres *Pub*-Gesetz, darf man den Vornamen des Gegenübers abkürzen. Damit er leichter von der zunehmend schwergängigen Zunge flutscht.

Jedes alte *pub* braucht sein Maskottchen. Im Cheshire Cheese hat man es ausgestopft. Und hier hat man es sich eingebildet.

»Glaubst du, ich mach Witze, Ray!« Jez klingt ein wenig empört. Habe ich seine Kneipenforscher-Ehre verletzt? Sorry, Jay! Höchste Zeit, die vollen Gläser zu leeren. Höchste Zeit auch, jetzt mal Danke zu sagen.

Cheers, Jerry! Danke für den Ausflug und für die grandiosen Geschichten. Und für die Behaglichkeit in dieser Winternacht, die sich nun sehr warm anfühlt. Und danke auch für die leckeren *lager* und die süffigen *ales*. Nach dieser Runde muss aber wirklich Schluss sein, okay?

Wir heben die *pints*, wollen anstoßen. Da zuckt etwas in Jeremys Gesicht. Er schaut erschrocken auf das Glas in meiner Hand.

Das Glas ist leer.

Heute ein König

Was ich im Buckingham Palace über die britische Monarchie lernte

»Willkommen, Sir! Ich hoffe, es ist Ihnen nicht zu heiß. Hier entlang, bitte!« Der Höfling mit der Weste und dem eng geschnürten Schlips begrüßt uns auf die feine englische Art. Und die kann so gut wie nichts aus der Ruhe bringen. Nicht mal der Ansturm Tausender Besucher am heißesten Tag des Jahres. Routiniert leitet der königliche Diener die schwitzende und ungeduldige Meute durch einen Seiteneingang des Buckingham Palace, damit sie die Aura der britischen Monarchie beschnuppern kann.

Wenn Massen an Untertanen einen Palast stürmen, dann sind das meist keine guten Nachrichten für die Bewohner. Es sei denn, der Monarch selbst hat die Tore zu seiner Residenz aufgerissen. Und das Volk freundlich hereingewunken. Damit es seinen Reichtum und seine Macht bewundere. Und die Langlebigkeit der Krone, die seit Kurzem auf seinem silbernen Haupt lastet.

Ich gehöre zu einer Viertelmillion Besucher, die in diesem Sommer den Palast erkunden. Touren durch das Wahrzeichen der britischen Monarchie gibt es schon lange. Doch erstmals sind in dieser Saison auch die Roben, Schmuckstücke und Herrschaftssymbole zu bestaunen, die zwei Monate zuvor bei der Krönungsmesse für Charles III. in die Welt hinausfunkelten.

Die Magie der Monarchie ist mächtig. Doch man muss sie immer wieder spüren, damit man an sie glaubt. Das war das Motto von Queen Elizabeth II. Auch ihr Sohn und Thronfolger Charles weiß das. Und er muss härter als seine beliebte Mutter daran arbeiten, dass der Zauber noch eine Weile wirkt.

Die britische Monarchie, das betonen die Hofhistoriker in diesen Tagen, erlebe eine Zeit des Umbruchs. Unter Charles wolle sich »die Firma« neu erfinden. Grüner, schlanker, effizienter wolle sie werden. Der König hat sich das Image eines Ökos in Nadelstreifen verpasst, und wenn er es damit ernst meint, dürfte er mit seinem ikonischen Palast eher fremdeln. Zu wuchtig und verschwenderisch muss der Bau auf einen Umweltschützer wirken.

Muss sich die »Firmenzentrale« der Royals also neu erfinden? Wie könnte die Zukunft des Buckingham Palace, dem Londoner Wahrzeichen, aussehen? Vielleicht bietet diese Tour ja Antworten.

Jeder Palast markiert die Trennung zwischen Herrschern und Beherrschten – und auch ihr Verhältnis zueinander. Je mehr der Machtanspruch der britischen Regenten schwand, desto nahbarer gaben sie sich. Und desto durchlässiger wurden die Mauern ihrer Residenz.

Die Royals wandeln auf einem feinen Grat: Wer sich rarmacht, wirkt verzichtbar. Reißen sie die Vorhänge ihrer Paläste zu weit auf, zerstört das Licht die Magie.

King Charles geht mutiger vor als seine Vorgängerinnen und Vorgänger. Und lädt mehr Besucher an mehr Tagen in den Palast ein. Sogar über den privaten Landsitz Balmoral in Schottland dürfen inzwischen ausgewählte Fans der Royals spazieren.

Die Volksnähe hat auch betriebswirtschaftliche Gründe. Die königlichen Bauwerke werden in den kommenden Jahren für viele Millionen Pfund renoviert und klimagerecht saniert. Das wird sehr teuer. Und dass die Steuerzahler einen allzu großen Anteil an der Rechnung übernehmen, wirkt schwer vermittelbar in wirtschaftlich angespannten Zeiten. Umso wichtiger sind zusätzliche Einnahmen, etwa durch Eintrittsgelder. Die Besichtigung der Empfangshallen des Palastes kostet dreißig Pfund – okay, kein Schnäppchen, aber der Besuch eines Musicals im West Ende wäre teurer.

Mit mir unterwegs ist heute eine aus der Provinz angereiste Seniorin, sie trägt den klassischen Stil der *English Rose*, also Strohhut und Blumenkleid. Dass heute die üblichen Vorschriften zur Kleiderordnung ausgesetzt sind, verdeutlicht ein Fußballfan aus Chile. Der bullige Gentleman hat sich das knallrote Nationaltrikot seines Landes (Nummer 8, Vidal) über den Leib gespannt. Doch was hat die Gruppe junger Kulturmenschen mit den schweren Brillen und den Leinenbeuteln der Londoner Kultbuchhandlung Daunt Books hier verloren? Ach so, das ist der Fanclub der Netflix-Hit-Serie »The Crown«, die das Leben und Wirken von Elizabeth II. zelebriert.

Im Hof des Palastes entdecken wir die *Golden State Coach*. Die Kutsche ist ein Goldschatz auf vier Holzrädern und wirkt in ihrer Pracht so absurd dekadent, dass sie eigentlich nur als Requisite in den Pinewood Studios erlaubt sein dürfte. Aus diesem Gefährt grüßten Charles und Camilla das Volk, nachdem sie von Gottes Gnaden gekrönt und von diversen Kirchenmännern in der Westminster Abbey ausreichend geölt und beweihräuchert waren.

Ist die Droschke mit Goldglasur ein barockes Schmuckstück oder eine dekadente Geschmacksverirrung der *ruling class*? Man ahnt: Wer den Palast besichtigt, begibt sich in genau dieses ästhetische Spannungsfeld.

Der Ausflug an diesem Tag ist nicht mein erster Besuch im Buckingham Palace. Fünf Jahre zuvor war ich hier auf einer Gartenparty der Königin eingeladen und das Event erwies sich rückblickend als historisch bedeutsam. Zum letzten Mal sollte sich Queen Elizabeth II. auf diesem traditionellen Sommerfest zeigen.

Wenige Monate vor Ausbruch der Coronapandemie spazierte ich also in einem marineblauen Anzug, dunkler Krawatte und hellem Libertyeinstecktuch durch den Garten des Palastes und fühlte mich furchtbar underdressed. Meine Kleidung war mehr Business als Amusement. Und reichlich bieder im Vergleich zu den Outfits der Festgesellschaft.

Da flanierten Gentlemen in Cutaway und Zylinder über das Grün und grüßten Royal-Navy-Veteranen in üppig dekorierten Gardeuniformen. Fürstinnen aus fernen Provinzen des Commonwealth ließen Ketten und Krönchen funkeln. Nepalesische Gurkhas zwirbelten ihre gewachsten Schnauzbärte. Jeder Grashalm des perfekt getrimmten Rasens im Garten der Residenz schien strammzustehen.

Queen Victoria war die Erste, die Würdenträger, Wohltäter und Ehrenämtler aus dem gemeinen Volk zu Gurkensandwichs und Tee in den Palastgarten holte – als Zeichen der Anerkennung für Verdienste an der Gesellschaft. Nachfolger übernahmen die Tradition und erlaubten auch ausgewählten Korrespondenten die Teilnahme.

Als die Militärkapelle »God Save the Queen« schmetterte, erschien die Gastgeberin auf der Terrasse des Palastes. Eine schmächtige Person mit einer mächtigen Aura. In einem rosa Kostüm, mit Handtasche und rosa Hut. *Her Majesty, the Queen.* Die berühmteste Frau des Planeten, die Jahrhundertzeugin, die Großmutter der britischen Nation und die erfahrenste Softpower-Diplomatin zwischen der Karibik und dem Great Barrier Reef.

Begleitet von Leibgardisten und Prinz Harry ging die Königin in kurzen Schritten durch ihr Partyvolk, teilte die Zuschauermenge wie Moses das Meer. Ich versuchte, in ihrem Gesicht etwas zu lesen, doch da war nichts außer freundlicher Unverbindlichkeit.

Höflinge zogen mit einer Kordel eine mobile Sperre um die Regentin. Die hielt mit ausgewählten Gästen ein wenig Small Talk. Sie lauschte mehr, als dass sie sprach, stets leicht nach vorn gebeugt, die Handtasche mit beiden Händen fest umklammert, als wären es die Zügel einer ihrer geliebten Highland-Ponys.

Zweitausend Augenpaare klebten auf dieser zierlichen Person, folgten jedem Schritt, jeder Regung. Ich musste an die Schriftstellerin Hilary Mantel denken. Die hatte mal über eine schamlose und kannibalistische Neugier geschrieben, mit der sie die Queen bei einem Empfang im Buckingham Palace in Augenschein nehmen musste – weil sie nicht anders konnte. Die Monarchie, so Mantel, habe aus der fröhlichen, jungen Lizzy einen Gegenstand gemacht. Ein Ausstellungsstück, das nur Bedeutung hat, sofern es exponiert und besichtigt werden kann.

Während die Queen an mir vorbeizog, verrenkten Selfie-Akrobaten Hälse und Arme, um doch noch ein Beweisbild mit der Ikone zu bewerkstelligen. Niemand scherte sich um das Fotografierverbot. Doch die Queen schien völlig unbeeindruckt von diesem nervigen Schauspiel. Die mythische Kraft, die von ihr ausging, ließ sich natürlich unmöglich in Pixel darstellen. Trotzdem zückte auch ich mein Smartphone.

Kaum war die Queen in ihrem privaten Zelt verschwunden, kam der Nieselregen.

In jenem Sommer war bei den Windsors die Welt noch in Ordnung. Der Skandal um die Freundschaft von Prinz Andrew mit dem amerikanischen Financier und Sexualstraftäter Jeffrey Epstein brodelte, kochte aber nicht über. Der Megxit war noch nicht vollzogen und Prinz Harrys Memoiren mit den peinlichen Enthüllungen über seinen Clan waren noch nicht geschrieben. Und drei Jahre vor ihrem Tod war die Queen noch bei guter Gesundheit.

Nach der Gartenparty kamen die Coronapandemie und die Lockdowns, die Queen zog sich weiter zurück, die Regentin wurde gebrechlich. Jener Nachmittag muss also einer der letzten sorgenfreien Auftritte der beliebtesten Regentin gewesen sein, die die britische Monarchie jemals hervorgebracht hat. Ein letztes Mal leuchtete das Elisabethanische Zeitalter.

Drei Jahre später trauerten Hunderttausende am Tor des Buckingham Palace um die verstorbene Königin. Und bildeten entlang des Themseufers eine acht Kilometer lange Warteschlange, um der verstorbenen Monarchin am Sarg die letzte Ehre zu erweisen. Es war ein Schauspiel, wie es nur die Briten in wahrhaft historischen Momenten hinbekommen: nostalgisch, exzentrisch und ausnahmsweise komplett ironiebefreit.

Es überrascht daher, dass heute nur wenig im Buckingham Palace an die Queen erinnert. In den Thronsälen glänzen Porzellan von Madame de Pompadour und Möbel aus Versailles, verziert mit Schildkrötenpanzern. Die Galerie schmücken Meisterwerke von Rembrandt und Rubens. Und im Erdgeschoss erinnern die aus Marmor geschliffenen Astralkörper von Mars und Venus an den Sieg Wellingtons über Napoleon in Waterloo. Mit dem Triumph über Frankreichs Kaiser begann das britische Jahrhundert.

Jeder Monarch hat den Buckingham Palace mit seinen Erbstücken, Antiquitäten und Gemälden vollgestellt und geprägt. Und in dem Palast spiegeln sich auch die Persönlichkeiten der Herrschenden.

Queen Victoria ist die Erste, die den Prachtbau als offizielle Residenz nutzt. Weil die Königin Tanz liebt, lässt sie den Ballsaal ausbauen. Und weil sie gutes Essen noch lieber mag (Kartoffeln in allen Variationen, *roast beef*, *cranberry tart* mit Sahne und Petit Fours), lässt sie die Küche erweitern.

Als 1914 Großbritannien dem Deutschen Reich den Krieg erklärt, werfen Tausende vor den Toren des Buckingham Palace aus Begeisterung die Hüte in die Luft. Auf patriotischen Glückstaumel folgt das Trauma. Zwei Jahre später empfängt König George V. Tausende Verwundete, Invaliden und Traumatisierte in der Reitschule. Beim Nachmittagstee mit Singen und Musizieren sollen die Veteranen wenigstens für ein paar Stunden Leid und Elend vergessen.

Im Zweiten Weltkrieg schlagen fünf deutsche Bomben im Palast ein. Eine Kapelle geht in Flammen auf. Ein Wachmann stirbt. Auf der Insel tobt die Luftschlacht um England. Doch King George VI. lässt sich nicht evakuieren. Er verschanzt sich in seinem Palast. So wird aus dem stotternden George ein Mutmacher und aus seiner Residenz ein Symbol der Resilienz.

VE-Day, Victory in Europe Day, Sieg über Hitler. London feiert die Kapitulation von Nazi-Deutschland vor seinem Wahrzeichen. Churchill spreizt auf dem Balkon Zeige- und Mittelfinger, formt sein legendäres Victory-Zeichen. Unter das jubelnde Volk mischen sich heimlich Prinzessin Margaret und ihre Schwester, die spätere Königin Elizabeth. Die Mädchen haken sich bei Fremden unter, lassen sich von »einer Welle der Erleichterung mitreißen«.

Frieden, Wiederaufbau, ein neues Zeitalter beginnt. Und auf dem Thron sitzt Elizabeth II. Eine junge Frau, die Natur liebt und Reiten. Und die in den Londoner Moloch ziehen muss, weil der übermächtige Churchill es so will. Sie fühlt sich in dem Palast nie heimisch. Ihr Herz wohnt in Windsor Castle und Balmoral. 1948 wird Elizabeth im Musikzimmer des Palastes erstmals Mutter. Hier bringt sie Thronfolger Charles per Kaiserschnitt zur Welt.

Wie verändert der neue Hausherr seinen Palast?

Man kann sich gut vorstellen, wie der Monarch, der sich ja als Ökoaktivist sieht, durch den in weiten Teilen verlassenen Bau spaziert und genervt die Heizkörper herunterdreht. Er hat viel zu tun. Der Palast hat siebenhundertfünfundsiebzig Zimmer, darunter allein hundertachtundachtzig Schlafzimmer für Angestellte sowie zweiundneunzig Büros und achtundsiebzig Badezimmer.

Der König gilt als leidenschaftlicher Stoßlüfter, überheizte Zimmer machen ihn fassungslos. Dass er auch pedantisch verzichtbare Lichtquellen ausknipst, haben seine Söhne bestätigt. Sogar die Wassertemperatur im Swimmingpool des Buckingham Palace ließ er herunterfahren. Hier lernte er Schwimmen, hier suchte Prinzessin Diana nach Ruhe und Prinz Philip hielt sich bis ins hohe Alter mit Schwimmen fit. Schon vor Jahrzehnten maßregelte Charles die Leute, sie sollten kürzer und kälter duschen. Für den Umweltschutz.

Die Energiekosten der siebenundsiebzigtausend Quadratmeter Palast betragen eins Komma fünf Millionen Pfund pro Jahr. Neue Boiler, doppelte Verglasung, smarte Heizsysteme sollen den Bau nachhaltiger machen. Das Gebäude ist auch asbestverseucht und brandgefährdet. Unsere Besichtigung der State Rooms zeigt nur einen winzigen Ausschnitt. Tatsächlich ist der Palast eine Großbaustelle. Die Renovierung wird noch Jahre dauern und mindestens dreihundertsiebzig Millionen Pfund kosten.

Dafür wird auch viel Geld verwendet, das eigentlich dem Staat gehört. Jedes Jahr steht der Monarchie eine Ausschüttung aus den Profiten des Crown Estate zu. Darin sind alle royalen Besitztümer zusammengefasst, etwa Immobilien und Ländereien. Um den Palast zu renovieren, wurde das Budget auf weit mehr als hundertzwanzig Millionen Pfund im Jahr erhöht, so bleibt weniger für den Staatshaushalt. Eine hoch umstrittene Entscheidung, denn das private Vermögen der Royals ist weitgehend steuerfrei.

Zwar bezahlt King Charles freiwillig Einkommensteuer. Doch nach dem Tod der Queen fiel für ihn keine Erbschaftssteuer auf ein geschätztes Vermögen von fünfhundert Millionen Pfund an. Wie reich der König wirklich ist, lässt sich nur schätzen. Sein Vermögen wird auf weit mehr als eins Komma fünf Milliarden Pfund beziffert. Schon die Queen nutzte ihren politischen Einfluss, um ihr privates Vermögen zu verschleiern.

Über Geld sprechen die Royals nicht gerne. Denn während überall gespart wird, während die Mittelschicht unter der höchsten Steuerlast seit Jahrzehnten leidet, werden ihre Regenten vermögender. Und lassen dennoch auf Kosten der Allgemeinheit ihre Paläste aufhübschen und umbauen.

Zwar hängen die Britinnen und Briten an ihrer Monarchie, irgendwie gehört sie ja doch zur DNA der Nation. Doch auch wegen dieser Ungerechtigkeit halten nur drei von zehn Untertanen die Institution für »sehr wichtig«.

Charles hat erkannt, dass »die Firma« den Buckingham Palace und die rund fünfzehn Millionen Touristen im Jahr auch als Einnahmequelle braucht. Die Aussicht auf viele Millionen Pfund durch Ticketerlöse und verlängerte Besuchszeiten sei Musik in den »beeindruckend großen Ohren unseres Königs«, kommentiert die *Daily Mail*.

Wir erreichen den Ballsaal. Hinter einer Glaswand leuchtet die *Robe of State*, das Krönungsgewand. Aus der Nähe betrachtet wirken der Kapuzenmantel aus Samt und Seide und das goldbestickte Kleid von Queen Camilla wie Kostüme aus einem Fantasyfilm. Noch heller funkelt die Halskette der Königin. Sechsundzwanzig Diamanten ranken sich um einen Zweiundzwanzig-Karat-Klunker, dem Lahore-Diamanten. Wie der Edelstein in den Besitz der Royals kam? Auch dazu gibt es unterschiedliche Interpretationen.

War er ein Geschenk für Queen Victoria? Oder koloniales Raubgut, gewaltsam eingeheimst von King Albert?

Natürlich könnten – oder müssten? – der Palast und seine Ausstellungsstücke auch über Sklaverei, Ausbeutung, Elend und Gewalt im Namen der Krone aufklären. Denn es herrscht eine Debatte, inwiefern sich die Monarchie zu ihren historischen Verbrechen in den Kolonien bekennen sollte. Auf einem Staatsbesuch in Kenia sprach König Charles über sein »Bedauern« und den »großen Kummer«, die er hinsichtlich der Verbrechen des Empires spürt. Eine Entschuldigung, wie sie Aktivisten fordern, sprach er nicht aus.

Doch die Tour durch den Palast führt natürlich an diesen Abgründen vorbei und stattdessen direkt in den prachtvollen Garten. Dort, wo mir die Queen einst eine Tasse Tee spendierte, leckt nun Señor Vidal aus Chile eine Kugel *coronation ice cream* aus Erdbeer und Vanille. Die Seniorin mit dem Strohhut lässt sich im Gartencafé häppchenweise Nostalgie servieren: *scones* mit *clotted cream* und Marmelade. Als Traditionalistin schmiert sie zuerst die Sahne auf das Gebäck und dann die Marmelade – wie es die Queen getan hat.

Während Eis zerläuft, Gebäck zerbröselt und die vom Fotoverbot befreiten TikToker über die Terrasse tänzeln, wirkt die Zukunft des Buckingham Palace doch klarer als vermutet. Eine Vision wird sichtbar: Der Palast als Erlebnispark. Ein bisschen Museum, ein wenig Rummelplatz und bei Bedarf eine Eventlocation für Empfänge und Ritterschläge.

Doch kann ein Windsor-Wonderland die Magie der Institution bewahren? Eine Antwort wird man vielleicht erst nach dem Ende der Ära von Charles III. geben können.

Dass die Monarchie einiges von Marketing versteht, hat sie oft bewiesen und zeigt sich auch im sehr ansprechenden Souvenirshop. Ich kaufe einen Ofenhandschuh mit Goldwappen für vierzehn Pfund und ein Glas Erdbeermarmelade als Erinnerung an meinen zweiten Besuch. Hinter der Kasse führt ein Pfad durch den Garten zu einem Metalltor in einer Backsteinmauer. Plötzlich riecht es wieder nach Abgasen. Draußen donnern Laster über die Straße. Es ist ein harter Schnitt.

»Besuchen Sie uns bald mal wieder«, sagt ein Höfling, nun nicht mehr ganz so freundlich wie noch bei der Ankunft. Dann schließt er eilig hinter uns die Tür. Für das Volk ist nun Schicht im Schloss. Ein paar Stunden hat der Palast Ruhe. Es ist die Ruhe vor dem nächsten Sturm.

Der Kämpfer

Beim Büroboxen leben Karrieristen die Ellenbogenkultur der City aus. Ein Report aus dem Ring

Noch fünf Minuten bis zum Kampf. Liam schaut in den Spiegel, und was er sieht, macht ihm Mut. Seine Schultern sind muskulös, seine trainierte Brust wölbt sich unter dem roten Shirt. Er tänzelt durch die Umkleide, schlägt eine Gerade, noch eine, zwei Aufwärtshaken, links, rechts. Durchatmen. Er sagt, er fühle sich richtig gut. Nervös? Überhaupt nicht.

Vor ein paar Stunden saß Liam Coughlan – vierunddreißig Jahre alt, fein getrimmter Dreitagebart, aufgehellte Zähne – noch im Ministerium und war genervt. Von den Meetings, den E-Mails, den Drückebergern am Nebentisch und ihren Ausflüchten: *Sorry*, nicht meine Verantwortung; tut mir leid, dafür bin ich nicht geschult. Zum Glück hat er das Boxen. Boxsport ist das Gegenteil von Bürokultur. Liam will jetzt endlich raus und kämpfen.

Im Türrahmen erscheint Haider Ali, sein Trainer. Los geht's! Stumm folgt Liam dem Coach in den Saal. Es ist heiß und klebrig in der Halle. Der Boden, die Wände, selbst die Luft, scheinen zu schwitzen. Das Licht, die Blicke, die Smartphones – alles ist nun auf ihn gerichtet. Der Beat wummert.

Rapper Nas singt: »*You can hate me now. But I won't stop now.*« Es ist Liams Song. Dann setzt die Musik abrupt aus und umso lauter ist nun das Grölen der Kumpels drüben an der Bar zu hören: »Liam, Liam!« Sie warten seit bald zwei Stunden auf seinen Auftritt. Jeder von ihnen hat locker fünf Bier intus.

Im Ring zerrt Liam seinen Kopfschutz fest und beißt auf seine Zahnschiene. Haider streift ihm die Handschuhe über. Auch sie sind warm und feucht. Der vorherige Kämpfer gibt die Handschuhe immer an seinen Nachfolger weiter. Liams Kampf ist der elfte des Abends.

»*Are you reeeeaaadyyy?*«, schreit die Ansagerin mit weit aufgerissenen Augen in sein Gesicht. Die Frau trägt ein schwarzes Kleid, rote hochhackige Schuhe und eine Ponyfrisur. Liam schaut stur geradeaus, zeigt keine Regung. Da wendet sich die Frau ab, grinst ironisch und hat damit eigentlich alles gesagt, was man über das nun folgende Spektakel wissen muss: Dieses Freizeitvergnügen tarnt sich als Gaudi, aber natürlich geht es todernst zur Sache.

Die Konzerthalle »The Dome« in Tufnell Park im Norden von London. Normalerweise spielen hier Indie-Bands, an diesem Abend erleben dreihundert Zuschauer eine härtere Form der Underground-Unterhaltung: *White Collar Boxing*, den populären Kampfsport der Londoner Büroarbeiter.

Diese unregulierten und von lokalen Boxschulen organisierten Kämpfe haben in den vergangenen Jahren viele neue Anhänger gefunden. White Collar Boxing richtet sich, wie der Name sagt, an Menschen, die mit Anzug und weißen Krägen in den Londoner Bürotürmen Zoom-Marathons und Power-Point-Irrsinn durchstehen müssen. Und die sich nach Feierabend den Frust des Alltags von der Seele dreschen wollen.

Manchen geht es ums Abspecken. Andere wollen fitter werden. Alle suchen eine Herausforderung. Acht Wochen lernen sie die Grundtechniken des Boxens. Sie kämpfen Sparrings, springen seil, pumpen Kraft. Höhepunkt der Plackerei: ein Boxkampf vor Publikum gegen einen unbekannten Gegner. Drei Runden à zwei Minuten müssen sie durchstehen. Für viele sind es die härtesten sechs Minuten ihres Lebens.

Zwar ist *White Collar Boxing* ein Vollkontaktsport, doch – wie beim Boxen generell – geht es nicht um Gewalt, sondern um Technik und Athletik. Dennoch kann der Zeitvertreib sehr gefährlich sein. Der Amateursport wurde in den späten achtziger Jahren an der Wall Street geboren. Banker und Finanzhaie lebten die Ellenbogenkultur der Branche nach Feierabend im Ring aus. Der Trend schwappte in die Bankenviertel von London. Die Work-Hard-Play-Hard-Fraktion aus der City war begeistert.

Der Boxsport ist tief in der Geschichte der Stadt verwurzelt. In den ersten Jahrzehnten des 18. Jahrhunderts wandelte sich London zur Weltmetropole, mit einem neuen Bürgertum, das nach Geld und Vergnügen gierte. Das erkannte auch der bullige

Preisboxer James Figg, ein verarmter Bauernsohn, der nahe der heutigen Oxford Street das »Boarded House« betrieb.

Es war ein Zirkus der Gewalt. Männer zertrümmerten sich in zügellosen Raufereien die Knochen, unter dem Gejohle eines mit Portwein besoffenen Publikums. Figg ließ auch Hunde auf Panther oder Bären los und die Zuschauer schlossen Wetten ab, welches Tier zuerst zerfleischt würde. Auch Figg stieg in den Ring, verprügelte Soldaten, Seemänner, Ganoven und andere Gestalten, die das Schicksal in die Knochenmühle gespült hatte.

Wie heute die Büroarbeiter aus der City bezahlten damals junge Männer für Boxunterricht. Auch sie suchten die Herausforderung, wollten beim *bare knuckle*, dem Kampf mit bloßen Fäusten, die »Probe der Männlichkeit« bestehen. Selbst König George I. begeisterte sich für den Pugilismus, den Faustkampf, und besuchte einen *fight*. Figg, Englands erster Box-Champ, hatte sich bis nach ganz oben gekämpft.

Zu noch mehr Ruhm brachte es Figgs Schüler John »Jack« Broughton. Der Londoner gilt als die bedeutendste Persönlichkeit in der Geschichte des Boxsports. Geboren als Sohn eines Alkoholikers aus Gloucestershire, nahm er als Teenager von zu Hause Reißaus, ruderte als *waterman* Bootspassagiere über die Themse und heuerte schließlich in Figgs Boxschule an. Bei einem Kampf mit dem Kurzschwert schlug er den angeberischen Prinz William, Sohn von König George II. Der gedemütigte, aber beeindruckte Thronfolger stellte ihn als

Leibwächter an und finanzierte ihm eine eigene Boxschule.

Broughton war ein intelligenter Kämpfer, er boxte mit Taktik und Technik. Trotz seiner Herkunft galt er als kultiviert, mühelos bewegte er sich in den feinen Kreisen der Stadt. Und sein Kampf gegen den Kutscher George Stevenson in einem Festzelt am Tottenham Court gilt als ein Meilenstein auf dem Weg zum modernen Boxsport.

Nachdem Broughton seinen Gegner mit einem Hieb unterhalb des Herzens besinnungslos geschlagen hatte, rief er der Legende nach: »Guter Gott, was habe ich getan? Ich habe ihn getötet.« Broughton besuchte seinen Gegner vier Wochen lang jeden Tag am Krankenlager, aus den Kontrahenten wurden Freunde, der verletzte Stevenson starb in Broughtons Armen.

Die Tragödie veranlasste Broughton, erstmals Kampfregeln festzulegen. Verboten war das Prügeln des auf dem Boden liegenden Gegners. Beim Sparring galt es, Handschuhe zu tragen. Auch Pausen wurden festgeschrieben. Das Regelwerk war der Vorläufer der London Prize Ring Rules, aus denen sich nach 1860 die Queensberry-Regeln entwickelten, die Basis des modernen Boxsports.

Broughtons Abschied aus dem Ring besiegelte ein anderer Jack. Der junge und aggressive Metzger Jack Slack forderte den Champion heraus und zertrümmerte ihm mit einem wuchtigen Haken die Nase. Die Augen des Veteranen schwollen zu, er warf das Handtuch.

Zuschauer Prinz William war entsetzt. Er hatte auf seinen Schützling gewettet und Tausende Pfund verloren. Diese zweite Demütigung verzieh ihm der Adlige nicht. Wütend jagte er seinen Protegé vom Hof, verbot zeitweise sogar alle Boxkämpfe in der Stadt. Broughton hatte ohnehin genug. Er stieg nie wieder in den Ring, schloss seine Boxschule und eröffnete stattdessen einen Antiquitätenladen. Er starb mit sechsundachtzig Jahren, ein damals ungewöhnlich hohes Alter, zumal für einen Faustkämpfer. Im westlichen Kreuzgang der Westminster Abbey ruht der Vater des modernen Boxens unter einem verwitterten Grabstein.

In der Konzerthalle »The Dome« berauscht sich das Publikum der Neuzeit mit Bier statt Portwein. Manche kommen direkt vom Büro, stehen mit gelockerter Krawatte an der Bar, halten die Freundin im Arm. Andere haben sich herausgeputzt wie für einen Ausgehabend. In den Schweißgeruch mischt sich der Duft von Parfüm.

Die Zuschauer haben umgerechnet fünfunddreißig Euro bezahlt, um Liam und die übrigen Hobbyboxer zu sehen. Die Einnahmen gehen zum größten Teil an die Krebsforschung oder an eine Charity-Organisation. Doch Liam kämpft in erster Linie nicht für den guten Zweck. Warum tut er sich das noch mal an? Diese Frage wurde ihm oft gestellt in den vergangenen Tagen. »Ich mag einfach boxen«, hat er gesagt. Eine bessere Antwort ist ihm nie eingefallen. Vielleicht findet er sie jetzt, im Ring.

Liam ist einen Meter achtundsechzig groß und dreiundsechzig Kilo schwer, noch nie hat er vor Publikum geboxt. Noch nie hat er in einen Kampf alles reingehauen. Über seinen Gegner weiß er fast nichts. Die Chefs der Boxschule machen die Paarungen. Sie bewerten Boxer aus den drei Zweigstellen der Schule nach Gewicht, Erfahrung und Aggressivität. Liam haben sie Dimitrios zugeteilt. Der Kerl muss über vierzig sein, hat eine Glatze und ein paar Kilo zu viel auf den Rippen. Allzu austrainiert sieht er nicht aus.

Doch kaum steht der Kerl in der blauen Ecke des Rings, strahlt er eine Ruhe aus, die einem Anfänger Sorge, vielleicht sogar Angst machen muss. Der Referee ruft die Kämpfer heran. Abklatschen, bitte. Die Frau mit dem Pony läutet die Glocke. Ring frei. Später wird Liam über diesen Moment sagen: »Ich habe mich immer noch sehr gut gefühlt. Ich habe gedacht: Hier bist du richtig.«

Rückblende. Vierzehn Tage vor dem Kampf liegt Liam auf dem Boden des Fight City Gym in Balham im südlichen London. Die Boxschule ist ein enges Ladenlokal in der High Road, neben dem *pub* »The Devonshire« und dem »Bombay Bicycle«-Imbiss. Drinnen riecht es nach Fußschweiß und Leder. Schulter an Schulter liegen ein Dutzend Männer im Boxring.

»Ihr wollt Sixpack? Ich gebe euch Sixpack!«, bellt Haider Ali, der Trainer mit dem stechenden Blick. Ein Typ der Kategorie harte Schale, weicher Kern. Haider stammt aus Pakistan, vor zehn Jahren war er Commonwealth-Champion im Fliegengewicht. »Zwanzig Crunches!« Die Männer pressen ihre Oberkörper zusammen. Dann zwanzig Sit-ups. Und so weiter. Leises Stöhnen und Schnaufen. Sie haben schon eine Stunde Training hinter sich.

Liam ist Single und lebt allein. Doch einsam ist er nicht. Jeder mag ihn. Er ist der Typ, der Klassensprecher wird, ohne dass er sich um den Job beworben hätte. Man findet schnell einen Draht zu ihm. Er war Spielertrainer in Londons Southern Amateur Football League und hätte sein Team fast zum Aufstieg geführt. Nach einer sensationellen Siegesserie ging das entscheidende Spiel verloren. Trotzdem eine schöne Erinnerung.

Liam arbeitet als Projektmanager in einem der wichtigsten Ministerien des Landes. Früher war er Berater in einer global agierenden Agentur. Zwar macht er in seinem Job für die Regierung weniger Überstunden, stressig ist die Arbeit dennoch. Von oben kommt viel Druck. Politischer Druck. Der entsteht, wenn die Mächtigen fürchten, sie könnten ihre Kämpfe verlieren. Beim Boxen kann er Dampf ablassen. Liam springt nach den Sit-ups noch ein paar Minuten seil. Auf seinem Shirt hat das Sparring winzige Blutstropfen hinterlassen.

»Du musst auch mal ausruhen«, sagt Haider. Doch Liam will nicht. Was, wenn der Körper zu schnell runterfährt? Das Boxen ist eine Obsession geworden. Dabei hat er sich lange nicht für den Sport interessiert. Erst als der Fußball seine Knie zu sehr mitgenommen hatte, probierte er mal was Neues aus.

Die Stimmung in der Boxschule gefiel ihm sofort. Eine Kameradschaft wie beim Fußball. Jeder will über sich hinauswachsen. Und Haider, der Mentor, pusht die Jungs (und hin und wieder auch Mädels), weil er es gut mit ihnen meinte. »Wir sind hier wirklich wie eine Familie«, sagt Liam. Sein Kumpel Rishi ist ein sanfter Riese und Investment Banker in der City. Inzwischen ist ihm das Boxen noch wichtiger als der Bonus. Na ja, fast. Schon zwei Kämpfe hat er hinter sich – und zweimal gewonnen.

In der Umkleide rollt er sich die Bandagen von den Fäusten und erzählt: »Im Ring herrscht Stille. Du siehst nur die Augen deines Gegners. Du denkst: Der Typ will dich killen. Darum willst du kämpfen, kämpfen, kämpfen. Danach wachst du auf wie aus einem Traum. Ich wusste gleich: Ich hab das Ding gewonnen. Danach habe ich mich an der Bar weggeknallt. Mann, hat das Bier gut geschmeckt. Aber in den Tagen nach dem *fight* ging es mir dreckig, ich wurde krank. Mein Körper war total am Ende.«

Hunderte Kämpfe finden jedes Jahr in Großbritannien statt, manchmal vor Tausenden Zuschauern. Von einem »tödlichen Hype« sprachen Kritiker, nachdem ein neunzehnjähriger Student aus Nottingham im Ring k. o. ging und später im Krankenhaus an seinen Verletzungen starb. Ein Jahr zuvor kam ein achtundzwanzigjähriger Familienvater aus Worcester unter ähnlichen Umständen ums Leben. Ein Zwanzigjähriger aus Bournemouth hatte Glück: Er überlebte eine Hirnblutung und zwei Herzinfarkte, die er im Ring erlitten hatte.

Boxverbände kritisieren, dass Büroboxen kaum reguliert sei. Denn die Hobbyboxer müssen für den *Fight* nur einen Medizin-Check bestehen und nachweisen, dass sie ausreichend trainiert haben. Liam kennt natürlich diese Geschichten. Doch sie machen ihm keine Angst. »Die haben Notärzte am Ring. Das ist alles sehr sicher.« Einen Tag vor dem Kampf sitzt er in einem Café in Westminster und vertilgt einen mexikanischen Chicken-Wrap mit Quinoa. Seit zwei Monaten isst er *clean*, wie er sagt, also kein Junk Food, keine Pizza am Abend, keine Schokocroissants zum Frühstück. Und er trinkt kein Bier. Acht Wochen ohne ein einziges *pint* – die längste Durststrecke seit seinem sechzehnten Lebensjahr.

Der Stress im Job hat noch mal zugenommen. Die Erwartungen sind hoch. Und nicht nur da. »Ich denke keine Sekunde daran, zu verlieren«, sagt er. »Gewinnen ist alles.« Dann verschwindet er mit den übrigen Büroarbeitern im Grau des Alltags.

Der folgende Abend. *Fight Night*. Das Licht, die Hitze, der Ring – und Liam mittendrin. Verdammt, ist der Kerl schnell! Er taucht weg, geschmeidig wie ein – ja, was eigentlich? Ein Panther mit Glatze und Bauchansatz? Der Blaue boxt nicht zum ersten Mal. Das sieht jeder. Dann geht seine Deckung auf. Liams *Jab* fliegt in das ungeschützte Dreieck zwischen Augen und Kinn. Klatsch. *Yes!* Geht doch!

Es ist ein schneller und aggressiver Kampf. Die Technik ist gut. Wieder zeigt sich: White-Collar-Boxen ist keine kumpelige Rauferei. Es ist verdammt ernst.

Glocke. Runde eins, vorbei. »Die hat er gewonnen«, sagt Beau, Liams Kumpel, drüben an der Bar und nimmt einen tiefen Schluck Bier. Ein Nummerngirl mit Fake-Wimpern wie Katzenkrallen stolziert durch den Ring. Liam schnieft und spuckt. Glocke. Klaps von Haider. Weiter geht's.

Shit, jetzt hat er nicht aufgepasst. Die Deckung! Die Deckung, Mann! Der Haken trifft ihn am Kinn. Aber mehr am Kopfschutz als am Knochen. Schwein gehabt. Oder doch nicht? Liam hängt im Seil. Da kommt der Aufwärtshaken. Klammer ihn, klammer ihn doch! Macht er aber nicht. Er weicht zurück. Er taumelt. »Alles gut, Junge?«, fragt der Blaue. Bitte was? Hat der Typ sogar noch Luft zum Quatschen?

Pause. Hinsetzen. Schluck Wasser. In diesem Moment trifft Liam, so erzählt er es später, ein Gedanke wie ein Leberhaken: »Ich kann ihm nicht wehtun. Scheiße, ich verliere.« Glocke. Letzte Runde.

Aufmachen und volles Risiko? Liam muss es wagen. Macht er aber nicht. Warum nicht? Das wird er sich noch lange fragen. Ist er zu brav? Ist er zu nett zum Boxen? Jeder mag ihn.

Seine Schläge gehen ins Leere. Und wenn sie treffen, dann nicht hart genug. Als würde er mit einem Besenstiel auf einen Transformer einprügeln. Liam wirkt nun sehr müde. Glocke. Das war's.

»Liam, Liam!« Die Kumpels grölen immer noch.

Die Frau mit der Ponyfrisur und dem Mikrofon steigt wieder in den Ring. »Leute, was für ein *Fight!* Das war eine ganz knappe Kiste!« Diesmal keine Ironie, nur Respekt. Sie baut sich vor den Kämpfern auf. Die grellen Lichter spiegeln sich in ihren schweißnassen Gesichtern.

»Der Sieger ist …« Atemzug. »Blau!«

Der Referee hebt die Faust des anderen. In diesem Moment sackt in Liam etwas zusammen. Sie reichen sich die Hände. Umarmen sich kurz. Dann sind die Nächsten dran.

»Wie geht's?«, fragt der Arzt.

Liam glüht wie ein Schmiedeeisen. Der Raum für den Medizin-Check ist eine Sauna. Vor der Tür Gejohle. Der letzte Kampf des Abends hat begonnen.

»Scheiße geht's mir«, sagt Liam.

»Warum?«

»Ich hab verloren.«

»Ach so …«

Der Arzt misst seinen Blutdruck.

»Wenn dir in den nächsten vierundzwanzig Stunden übel wird, wenn du kotzen musst, dann gehst du sofort ins Krankenhaus. Verstanden, Kumpel?«

Liam nickt. Der Arzt kritzelt etwas auf ein Papier.

»Fühlt sich an, als hätte ich alle enttäuscht.«

Der Doc hört schon nicht mehr hin.

»Sorry, wie war das?«

»Nichts, vergiss es einfach …«

Liam ist zurück in der Umkleide. Wieder schaut er in den Spiegel. Er entdeckt kein Blut in seinem Gesicht. Keine Schwellung. Zumindest noch nicht. Wie kann das sein? Kommt er aus dem Ring? Oder aus dem Büro? Er zieht sein Shirt aus. Geht mit nacktem Oberkörper zur Bar. Ihm ist wirklich verdammt heiß.

Die Schlacht ist verloren. Troja brennt. Zerstört von Dimitrios, dem Griechen. Ein Held ist Liam trotzdem. Seine Legende ist unsterblich. So in etwa klingen die Aufmunterungen, die ihm die Freunde mit Bieratem ins Ohr bellen. »Dein Gegner war ein ehemaliger Amateurboxer«, hat Beau in Erfahrung gebracht. »Der hat fünfzig Kämpfe auf dem Buckel.« Tatsächlich stand ein Anfänger einem Veteranen gegenüber. Ganz fair war das nicht.

Liams *pint* schwebt heran wie eine Trophäe. Rishi hatte recht: Das Bier danach schmeckt so verdammt gut. Dann das Gruppenfoto am Ring. Endlich ist die Gang mal wieder zusammen. Kommt ja kaum noch vor. Es sei denn, Liam lässt sich verprügeln. Sie machen schon wieder Witze.

Dann singen sie: »Es gibt nur einen Liam …« Und das ist kein Scherz. Kein anderer Kämpfer bekommt an diesem Abend so viel Anerkennung. Danach geht's ins »Boston Arms«, in den *pub* neben der U-Bahn-Station. Noch ein *pint*. Okay, noch ein allerletztes. Wer hat Hunger? Der Kebab-Laden ist ihre Rettung.

Später, im kalten Licht des U-Bahn-Abteils, sinkt Liam in die gepolsterten Sitze der Northern Line. Sein Blick ist glasig, seine Augen sind leicht geschwollen. Er will nur noch schlafen. Die Nacht verschlingt den geschlagenen Kämpfer.

Fünf Tage nach dem Fight. Der Muskelkater ist auskuriert. Erst heute hat Liam die Kraft gefunden, bei Haider anzurufen. Ich bin wieder dabei, hat er gesagt. Ich will noch mal kämpfen. Ich will gewinnen. Warum er sich das antut? Er mag einfach das

Boxen. Ist vielleicht nicht die beste Antwort. Ist aber die Wahrheit.

Natürlich hat er alle »Rocky«-Filme gesehen. Und weiß: Es kommt nicht darauf an, wie hart du austeilst. Es kommt nur darauf an, wie viel du einstecken kannst. Vielleicht wird er in ein paar Jahren mal sagen: »Ich habe nur nach Punkten verloren.« Und wird erkennen, dass er auch viel gewonnen hat: Mut, Zuversicht, die Fähigkeit, wieder aufzustehen.

Sein Leben ist ein Kampf. Und ein Comeback.

In Shakespeares Welt

Die Schauspielerin Amalia Vitale über ihren Weg auf Londons berühmteste Bühne

In weniger als zwei Stunden hebt sich der Vorhang. Dann wird Amalia Vitale in Shakespeare's Globe auf der Bühne stehen. Und dem Werk der Ikone neues Leben einhauchen.

Die Schauspielerin hat eine Hauptrolle in dem berühmten Theater am südlichen Themseufer, sie ist in der Liebeskomödie »Much Ado About Nothing« die vorwitzige und schlagfertige Beatrice.

Kurz vor dem Beginn der Show sitzt die Sechsunddreißigjährige in einem Sommerkleid und Sneakers auf der harten Holzbank im Zuschauerraum. Die Julisonne brennt durch das offene Dach des Fachwerkbaus auf die berühmten Bretter. Es riecht nach Holz, Hochkultur und Historie.

Auf der Bühne probt das Ensemble gerade eine Tanzszene zu den Klängen eines Tamburins. Es sieht einigermaßen kurios aus, wie Benedict, der andere Hauptdarsteller, in Nike-Turnschuhen und einem luftigen Muscleshirt zu mittelalterlicher Hofmusik im Reigen tanzt. Nach dem Test folgt das übliche Aufwärmen von Körper und Stimme, mit Zungendrehern, Brummgeräuschen und Lippentrillern. Shakespeare spielen ist Hochleistungssport.

Oben in der Galerie erkunden Schulgruppen

die Faszination Globe und staunen über den Blick hinter die Kulissen des Londoner Wahrzeichens, das nach den Plänen von Shakespeares originalem Spielhaus erbaut wurde.

In wenigen Minuten werden rund siebenhundert Zuschauer die Plätze einnehmen. Jene mit den billigen Tickets werden direkt vor der Bühne stehen – ganz so wie zu Shakespeares Zeiten.

Amalia, bist du schon aufgeregt?

Es geht. Wirklich furchteinflößend ist der Premierenabend – egal ob man vor dreißig oder dreitausend Leuten spielt. Vergangene Woche schauten einige Freunde zu, da hatte ich mehr Lampenfieber als üblich.

Was unterscheidet das Globe von anderen Bühnen?

Für mich ist es das Wembley-Stadion der Theaterwelt. Es ist riesig und laut. In kleinen Theatern sind alle leise und sehr respektvoll. Das Globe ist anders. Hier geht es nicht nur um dich als Schauspielerin. Es geht um das große Ganze. Es ist Theater in seiner reinsten und radikalsten Form.

Wie äußert sich das?

Die Bühne ist riesig, die Live-Erfahrung intensiv. Du kannst den Zuschauern direkt in die Gesichter schauen. Du hörst ihr Raunen und Lachen. Manchmal hörst du sogar das Weinen von Kindern, manche stillen ihre Babys während der Show. Du kannst dich nirgends verstecken. Und du spürst sofort, ob das Publikum mitgeht oder gelangweilt ist. Das macht den Reiz aus. Wenn der Vorhang fällt, spüre ich riesige Freude, Teil dieser talentierten Truppe und dieses Mythos zu sein.

Wer kommt zu den Auftritten?
Viele Touristen, aber auch Einheimische. Hin und wieder sind da amerikanische Literaturstudenten, die jede Zeile eines Stücks auswendig können oder das Buch dabeihaben und mitlesen. Und ganz genau hinhören, ob du auch wirklich jeden Satz und jedes Wort draufhast.

Wie ergattert man diese prestigeträchtige Rolle?
Ich hätte nie gedacht, dass meine erste Rolle im Globe gleich so schwierig sein würde. Mein Agent stellt den Kontakt zu den *casting directors* her. Ich habe die Rolle der Beatrice einige Wochen recherchiert. Als ich zum Vorsprechen eingeladen wurde, dachte ich: Die füllen nur Nebenrollen auf. Für eine Hauptrolle werden sie eine Berühmtheit engagieren. Nach dem Vorsprechen hatte ich aber ein sehr gutes Gefühl. Es ist schön, wenn man anschließend nach Hause geht und sagen kann: Ich habe wirklich alles gegeben. Ein paar Tage später kam der Anruf der Casting-Direktorin mit der Zusage.

Wie viel Zeit hattest du für die Vorbereitung der Rolle?
Fünf Wochen. Das ist viel. Ein Luxus. Denn meistens bleiben dir nur drei bis vier Wochen. Aber Shakespeare-Stücke sind gigantisch. Es ist so viel Material. Der Text ist in Frühneuenglisch

verfasst. Das wirkt oft wie eine Fremdsprache. Es ist eine Herausforderung, Klarheit in dieser Sprache zu finden und sie zum Leuchten zu bringen.

Wie lernt man einen solchen Text?

Leider habe ich nie eine gute Antwort auf diese Frage. Denn ich liege einfach auf dem Sofa und lerne auswendig. Und das ist der langweiligste Teil des Jobs. Man muss riesige Mengen Text in Kopf und Körper pressen. Erst dann kann man zu den Proben. Es gibt eine App, die beim Lernen hilft. Meist geht es schneller, als man denkt.

Die Highlights in »Much Ado About Nothing« sind die witzigen und intensiven Wortgefechte zwischen Beatrice und Benedick, bis sie einander schließlich die Liebe gestehen. Ist die Beatrice deine bislang schwierigste Rolle?

Ich glaube, es ist aktuell die perfekte Rolle für mich. In ihr kommt vieles zusammen, was ich mir über die Jahre angeeignet habe. Die Komik, die Schlagfertigkeit, die Ausdruckskraft. Sie spricht sehr komplex, schnell und hochgestochen, nutzt viele Metaphern. Sie ist laut, stark und eigenständig. Eine echte Intellektuelle und sehr progressiv für ihre Zeit. Sie ist auf eine nervige Art clever. Wie eine Partybekanntschaft, die permanent schlaue Witze reißt, und man nicht weiß: Soll ich lachen oder die Augen verdrehen?

Was ist dein liebster Satz im Stück?

I love you with so much of my heart that none is left

to protest. Es ist der schönste Satz, weil er so einfach ist und so direkt – was ja ungewöhnlich ist für Beatrice. Das macht die Wirkung umso größer.

Eine intensive Show, die Anspannung, der erlösende Applaus am Ende – wie fährt man nach so einer Erfahrung runter?

Die Premiere war unvergesslich. Es gab Jubel wie in einem Fußballstadion. Als ich um Mitternacht zu Hause ankam, setzte ich mich auf den Küchenboden und löffelte still die Reste der Pasta vom Vortag auf. Ich aß viel zu viel, das Adrenalin hatte mich so hungrig gemacht. Wenige Stunden später war ich schon wieder zurück im Alltag und brachte meinen Sohn in den Kindergarten. Manche gehen nach der Vorstellung ins *pub* ein Bier trinken. Wer Kinder hat, umarmt seine Kolleginnen und Kollegen fest und rennt zur U-Bahn.

Wann wurde dir klar, dass du Schauspielerin werden willst?

Nachdem ich als Kind »Sister Act« mit Whoopi Goldberg gesehen hatte. Ich dachte: Die ist so kraftvoll und lustig. Wie macht die das nur? Ich wollte auch so sein. Meine Eltern stammen aus Italien und sind Linguisten. Zu Hause hatten wir oft Leute zu Gast, die sich in fremden Sprachen unterhielten und Akzente hatten. Ich wurde irgendwann ziemlich gut darin, Leute und ihre Art zu sprechen nachzumachen. Später imitierte ich auch die Lehrer an der Schule. Das fanden meine Klassenkameraden sehr lustig, es war aber auch ziemlich frech.

Auf der Website deines Agenten steht, dass du sechzehn Akzente beherrschst, von Cockney über American Southern bis Dublin-Slang.

Das Gefühl für die Sprache war schon immer eine Stärke. Auch als ich im Schultheater mitspielte. Es gab Mädchen, die konnten Ballett tanzen und singen. Ich machte lieber Witze, war albern und erzählte Storys. Deshalb arbeitete ich nach der Schauspielschule in Birmingham zunächst im Clowntheater.

Vom Clown zur elitären Shakespeare-Darstellerin. Ein ziemlicher Sprung, oder?

Im Gegenteil, das macht Sinn. Als Clown und auf der Bühne im Globe musst du expressiv sein, spielerisch und einen Draht zum Publikum finden. In einer meiner ersten Rollen nach der Schauspielschule spielte ich Charlie Chaplin. Es war eine sehr physische Rolle ohne Text – das lag mir. Ich habe aber immer versucht, mich aus dieser Nische in eine neue Richtung weiterzuentwickeln. Man sollte nie nur auf eine Nummer festgelegt sein.

Wie hast du in Londons Theaterwelt Fuß gefasst?

Im Arcola Theatre in Dalston gab es Abende, an denen Regisseure noch nicht ausgereifte Werke vor Publikum testen wollten. Das war eine Chance für junge, unerfahrene Schauspieler. Einmal suchten sie eine Darstellerin mit einem Birmingham-Akzent. So kam ich an meine erste Rolle. Und so wuchs ich in die Londoner Theater-Community hinein, konnte meinen Lebenslauf Schritt für Schritt ausbauen. Sammelte Material für mein Showreel, konnte dadurch einen Agenten finden.

Wie schafft man es, sich als junge Schauspielerin im teuren London durchzuschlagen?

Natürlich bekommt man anfangs nur Peanuts bezahlt. Ich musste mich mit Nebenjobs über Wasser halten. Mal verteilte ich für Werbeaktionen Mineralwasser oder Schokoriegel am Oxford Circus. Angenehmer waren Jobs auf privaten Kostümpartys in schicken Häusern in Kensington oder Mayfair. Als Feen oder Elfen verkleidet, begrüßten wir die Gäste. Danach konnte man auch ein wenig Sushi vom Buffet mitgehen lassen.

Wie findet man als Schauspielerin, die knapp bei Kasse ist, eine Unterkunft im teuren London?

Ich habe lange mit anderen Künstlern und Kreativen in *Guardianships* gelebt. Dabei werden Immobilien, die leer stehen und auf eine Renovierung oder den Abriss warten, günstig an Wohngemeinschaften untervermietet, die auf die Gebäude aufpassen. Einmal kamen wir in einem alten Pflegeheim unter, mit riesigen Duschräumen und Wohnzimmern. Kurios, aber auch gruselig. Heute habe ich mit meinem Mann Steve und unserem Sohn Enzo eine kleine Wohnung in Tooting.

Was kommt für dich nach »Much Ado About Nothing«?

Ich habe auch eine Sprechrolle in einem Cartoon-Film und spiele in TV-Produktionen mit.

Nebenbei arbeite ich an eigenen Drehbüchern. Aber was genau die Zukunft bringt, weiß man in diesem Job ja nie.

In welcher Bühnenfigur steckt eigentlich am meisten von der Stadt London?

Hm, lass mich mal überlegen ... Oft heißt es ja, London sei Scrooge. Der raffgierige Geschäftsmann in Dickens' »A Christmas Carol«. Ein kalter Kapitalist, der das Fest der Liebe hasst, weil er seinem Gehilfen freigeben muss. Aber diese Darstellung ist mir zu negativ. Und Scrooge fehlt auch Londons Vielfalt und Energie.

Gibt es eine passende Figur bei Shakespeare?

Jetzt hab ich's: Falstaff. Der hungrige und hedonistische Soldat aus »Henry IV«. Er hat seine Makel, ist ein wenig unartig, ein wenig dreckig, aber sehr großherzig und immer für eine gute Party zu haben.

Dein Tipp an alle angehenden Schauspielerinnen und Schauspieler, die von einer Karriere auf Londoner Bühnen träumen?

Das Geschäft ist brutal. Du wirst Ablehnung und Zurückweisung erfahren. Umso wichtiger, dass du dich mit guten Menschen umgibst. Und in Freundschaften in der Theater-Community investierst. Neid und Allüren bringen dich nicht weit. Rücke andere ins Rampenlicht. Sie werden es dir danken.

Wirklich? Deine Branche ist ja durchaus berüchtigt für Egomanen und Selbstdarsteller.

Neider wird es immer geben. Aber meine Erfahrung ist: Je mehr du gibst, desto mehr bekommst du zurück. Diesem Prinzip verdanke ich meine Karriere. Aber mein wichtigster Tipp: Sei dir deiner Stärken und Schwächen bewusst.

Wie meinst du das genau?

Ich kann herrisch, laut und angeberisch rüberkommen. Aber ich kann auch warmherzig, selbstlos und witzig sein. Du musst wissen, was dich ausmacht. Denn nur so kannst du eine gute Schauspielerin sein. Egal ob du Charlie Chaplin oder Beatrice darstellst – am Ende spielst du immer eine Version von dir selbst.

Bermondsey Blues

Wie ich in der Hochburg der Cockneys eine neue Heimat fand

Der Mann, den sie die Seele des Viertels nennen, trägt einen verschmierten Arbeitskittel und verkauft Lachs und Kabeljau. Russell Dryden ist Fischhändler auf dem »Blue«, dem Marktplatz neben dem *pub* »Old Bank« und der Metzgerei »Bell and Sons«. Erst vor wenigen Wochen bin ich in diesen rauen Teil von Bermondsey gezogen. Ich will ein Gespür für die neue Nachbarschaft im Südosten Londons bekommen und starte meine Expedition an der Auslage von Russells Fischtheke.

Russell ist Mitte sechzig und kennt jeden Kunden beim Namen, er plaudert gerne und ist neugierig. Mit jenen nervigen Marktschreier-Typen, die seine Branche ja auch bevölkern, hat er glücklicherweise nichts zu tun. Vielmehr strahlt er die angeborene Lässigkeit des Ur-Londoners aus, in der auch eine raubeinige Warmherzigkeit mitschwingt. Seine Ohren sind groß, sein Cockney-Akzent breit, er könnte eine Figur aus einem britischen Ganovenfilm von Guy Ritchie sein.

Der Stand des Händlers ist ein alter Holzwagen mit vier Rädern und einer blau-weißen Plane, unter der Glühbirnen leuchten. In seiner Auslage hat Russell heute auch Thunfisch, Muscheln und

Garnelen. Der Kabeljau ist schon wieder ausverkauft. Dafür packt er mir eine Makrele ein. Vor Sonnenaufgang beschafft Russell seine Ware am Billingsgate Fish Market in Canary Wharf. Wie lange sich der Fischgroßhandel, dieses antike Stück London, inmitten des Finanzdistrikts und seinen *shopping malls* wohl noch halten wird?

Fishmonger Russell ist ein Botschafter von Bermondsey. Er ist hier aufgewachsen, spielt in einer lokalen Band, organisiert einen Karneval und ein Musikfestival. Seinen Fischstand hat er seit fast vierzig Jahren. Den Marktplatz »Blue« nennt er die »letzte Hochburg des Cockneytums im Viertel«. Cockney ist der Slang des East Ends, das mit Reimen und Bedeutungsebenen spielt. Cockney ist die Sprache der Londoner Urgesteine.

Russell zwinkert meiner dreijährigen Tochter Romy zu. Er nimmt die beiden Schalenhälften einer Jakobsmuschel, vergrößert mit ihnen seine Ohren und streckt die Zunge heraus.

Romy grinst.

Dann hält er die Muschelstücke vor die Brust und posiert mit gerümpfter Nase wie eine eingebildete Dame.

Romy gluckst.

Es folgt das Finale: Russell schneidet das Fleisch der Jakobsmuschel heraus und hält uns die schleimige Delikatesse unter die Nasen. »Junge Lady«, wendet er sich Romy zu, »wusstest du, dass Möwen Muscheln so sehr mögen wie Kinder Schokolade?«

Sie schüttelt den Kopf.

Nun wirft der Fischmann die Meeresfrucht nach oben, punktgenau aufs Dach des Standes. Da flattert auch schon eine Möwe heran, pickt den Fleischfetzen auf und ist nach ein paar Flügelschlägen im Grau des Himmels verschwunden.

Romy sagt: Wow!

Willkommen im alten Bermondsey. In diesem Teil des Viertels begegnet man noch der *roughness*, die durch die zunehmende *hipness* der Gegend allmählich weggebügelt wird. Als *up and coming* bezeichnen Immobilienmakler den Westen des Quartiers rund um den Bahnhof London Bridge. Das bedeutet: heute sehr trendy und morgen sehr teuer.

Junge City-Worker mit gutem bis sehr gutem Einkommen wohnen hier, weil sie die Nähe zum Finanzviertel auf der nördlichen Themseseite schätzen. Junge Familien können sich eine Reihe guter Grundschulen aussuchen. Die Lokale und Galerien in den alten Warenlagern und der Spazierweg entlang der Themse sorgen für eine Mischung aus Altehrwürdigkeit und Urbanität. Aber kommen die jungen Großstädter und alten Cockneys gut miteinander klar?

Wenige Wochen vor meiner Begegnung mit Russell sind wir in ein schmales und recht renovierungsbedürftiges *Old Victorian* gezogen – ein Reihenhäuschen aus gelbem Backstein, errichtet um 1865 während des Baubooms unter Queen Victoria. Die Häuser mit den gleichförmigen Fassaden, die sich nur durch die Farbe ihrer Eingangstüren und die Zäune ihrer Vorgärten unterscheiden, stehen für Londons Traditionsliebe und ein urenglisches Wohngefühl.

Zur Zeit des Empires dienten die zweigeschossigen Gebäude mehreren Haushalten aus der mittleren bis oberen Arbeiterklasse als Unterkünfte. Typische Bewohner waren die Familien von Buchhaltern, Polizisten und Dampflokführern. Auch die Schornsteine, die wie gelbe Finger auf den Dächern sitzen, sind Überbleibsel jener Zeit. Und erinnern an Kaminfeger Bert, der mit Jane, Michael und Mary Poppins im Mondschein über die Ziegel Londons tänzelt und dabei »Chim Chim Cher-ee« trällert.

Bermondsey ist ein Ort voller Historie und harter Kontraste. Im 19. Jahrhundert hausten in den berüchtigten Slums nahe der Tower Bridge zugewanderte Arbeiter und ihre Familien. Das Elendsviertel Jacob's Island war eine in den Schlamm der Themse gepferchte Ansammlung von Bretterbuden. Dieses »Jauchenvenedig« beschreibt Charles Dickens als den »schmutzigsten« und »eigenartigsten« Ort Londons und macht ihn zu einem Schauplatz in »Oliver Twist«.

Fast zeitgleich mit dem Erscheinen von Dickens' Epos über das Londoner Waisenkind stellte Bermondsey auch die Fortschrittlichkeit der Weltmetropole unter Beweis. Mit der Haltestelle Spa Road entstand Londons erster Passagierbahnhof. Hier machte die Dampflok Halt, die zwischen dem Hafen von Greenwich und der London Bridge über eine damals als revolutionär geltende Hochtrasse tuckerte.

Heute rollen Pendlerzüge über den viktorianischen Verkehrsweg. Und in den Viadukten unter den Gleisen haben sich Geschäfte eingerichtet. Neben Autowerkstätten und Reifenlagern auch die Edelkäserei »Neil's Yard«. Dazu mehrere Mikrobrauereien, die sich zur »Beer Mile« zusammenschließen und am Wochenende in den *taprooms* ihre *pale ales* und *porters* ausschenken.

Mit der Dampflok drang auch die Industrialisierung nach Bermondsey vor. Wuchtige Fabriken stellten an modernen Fließbändern hochmoderne Lebensmittel her, darunter die ersten Dosenwaren. Während an der Themse noch das Elend stank, duftete es weiter südlich nach Gebäck.

In Bermondseys »Biscuit Town« erfand Peek Frean & Co an der Clements Road den ersten industriell gebackenen Verdauungskeks mit Schokoglasur. Das Unternehmen expandierte schnell und beauftragte kurz vor dem fünfzigjährigen Jubiläum eine Filmcrew, die den Fertigungsprozess begleiten sollte. So entstand 1906 einer der ersten britischen Dokumentarfilme. Die Süßwarenspezialitäten aus dem rauen Bermondsey waren so anerkannt, dass sie sogar die königlichen Hochzeiten von Prinzessin Elizabeth und Philip Mountbatten sowie Prinz Charles und Lady Diana mit Torten belieferten.

Essen und Lebensmittel prägen den Charakter des Viertels. Vom berühmten Feinschmecker-Mekka Borough Market im Westen sind es nur wenige Meter bis zur Bermondsey Street. In der blumigen Sprache der Immobilienagenten könnte man den Charakter der Straße so beschreiben: Urbaner Lifestyle trifft auf südeuropäisches Flair.

Restaurants, Weinhandlungen, *Artisan Bakerys* und Galerien haben sich in den alten Lagerhäusern eingerichtet. An deren Fassaden sind manchmal noch die alten Haken der Kräne zu sehen, mit denen früher Säcke mit Leder, Gewürzen und Wolle verstaut wurden.

Vor der Tapas-Bar des spanischen Starkochs José Pizarro schlürfen Gäste Cañas, kleine spanische Biere, im Sonnenschein. Gegenüber serviert der Gastro-*Pub* »The Garrison« einen traditionellen *Sunday roast*. Im Vintage-Lebensmittelladen »Giddy Grocer« sind Artischocken und Sauerteig-Laibe derart elegant drapiert, dass man die unverschämt hohen Preise umgehend verzeiht. In der White Cube Gallery nebenan stellen Gerhard Richter und Anselm Kiefer aus.

Jenseits der Kirche St. Mary Magdalen nimmt der Verkehr zu und *estates*, mehrstöckige Sozialbauten, verweisen auf die soziale Durchmischung des Viertels. Die Southwark Park Road führt tiefer hinein ins alte Bermondsey. Statt eines »Gentlemen Barista« und einer Edel-Chocolaterie werben hier das Bräunungsstudio »Tan Lines«, der chinesische »Ho Ho Takeaway« und das »Rose Café« um Kundschaft. Dieses *greasy spoon* genannte rustikale Lokal serviert ein *Full English Breakfast* für acht Pfund dreißig und dazu eine abgegriffene Ausgabe der *Sun*.

Harry-Potter-Erfinderin Joanne K. Rowling kennt die Gegend, zumindest hat sie hier Schauplätze ihrer Krimireihe um den Privatdetektiv Cormoran Strike, die sie unter dem Pseudonym Robert Galbraith veröffentlichte, angesiedelt. In einer Szene beobachtet der Ermittler im »Takeaway Pizza GoGo« einen Verdächtigen, der in einem der *cottages* aus braunem Klinker gegenüber wohnt. Manchmal schauen Rowling-Fans bei den Pizzabäckern vorbei, um die Kulisse der Krimiserie zu besichtigen.

Folgt man der Straße, fällt eine Wandmalerei an einem Haus hinter dem Blue auf. Fischhändler Russell erklärte mir das Community Mural bei einem unserer ersten Treffen. Es ist die Visitenkarte des Viertels, zeigt die Fließbänder und die Arbeiterinnen der Biscuit Town, die Malocher der Docks und Fußballspieler in den dunkelblauen Trikots des Lokalclubs FC Millwall.

Das Selbstverständnis der Millwall-Fans bringt eine Fahne auf den Punkt, die vor jedem Heimspiel im Fenster des *pubs* »Blue Anchor« hängt. Darauf ist ein im Cartoon-Stil gezeichneter Schlägertyp zu sehen und das Motto des Clubs und seiner Fans: »*If you don't like us we don't care.*« Uns doch egal, ob du uns magst oder nicht.

Im Zentrum des Murals steht Ada Salter, eine Sozialreformerin und politische Pionierin. 1911 organisierte die Aktivistin Massenproteste von vierzehntausend Fabrikarbeiterinnen, die beim Bermondsey Uprising für mehr Geld und bessere Arbeitsbedingungen auf die Straße gingen.

Später war sie die erste Frau, die als Bürgermeisterin für die Labour Party einem Londoner Stadtbezirk vorstand. Gemeinsam mit ihrem Mann

Alfred Salter, einem Arzt, Pazifisten und Parlamentarier, verbesserte sie die Lebensverhältnisse im Viertel. Sie bot medizinische Versorgung an, organisierte Impfkampagnen, ließ Bäume pflanzen und Grünflächen anlegen. Die Salters waren Vorreiter der modernen Wohlfahrt und verwirklichten in Bermondsey eine noch heute zeitgemäße Vision des Großstadtlebens, das die Bedürfnisse des Menschen nach Ruhe und Lebensqualität in den Mittelpunkt stellt.

Das Wirken der Salters überschattete ein schwerer Schicksalsschlag: Ihre einzige Tochter Joyce starb mit acht Jahren an Scharlach. Die Krankheit befiel damals immer wieder die Slums des East Ends. Heute erinnern drei Bronzeskulpturen auf einer Terrasse am Themseufer neben dem *pub* »The Angel« an die beiden Wohltäter, an Joyce und ihre Katze sowie das Erbe dieser Familie, von dem Bermondsey bis heute profitiert.

Am unteren Rand des Murals ist ein Mann in weißem Kittel an einer Fischtheke zu sehen, die Arme weit ausgebreitet, als wollte er das ganze Viertel umarmen. Russell brummt: »Keine Ahnung, was dieser Kerl auf dem schönen Werk verloren hat.«

Ein Jahr nach meiner Ankunft im Viertel zieht es mich öfter ins ursprüngliche als ins hippe Bermondsey. Mein Nachbar Terry, ein Millwall-Fan, erweist sich als freundlicher, als der Slogan im Fenster seines Lieblingspubs vermuten lässt. Und zu den Menschen, denen ich bei meinen Spaziergängen häufig begegne, gehört auch Margaret.

Auch sie ist ein Urgestein der Gegend, trägt ein schwarzes Oma-Kopftuch und pafft im Gehen gerne eine Zigarette. Auf ihrem faltigen Handrücken ist ein verblassendes Tattoo zu sehen, was es genau darstellt, ist nicht zu erkennen. Spannt sich über die Venen eine Rose oder Klatschmohn?

Natürlich besprechen wir nach der Begrüßung zuerst das Wetter. Ach, ist das mal wieder kalt. Jaja, es wird einfach nicht wärmer. Herrje, ist es plötzlich heiß geworden. Ein Glück, dass es wieder kühler wird, die Hitze neulich war ja nicht zu ertragen.

Margaret ist Anfang siebzig. Sie geht langsam und gebückt. Ich schätze, sie leidet an mehr als den üblichen Alterswehwehchen. Doch ich habe nie erlebt, dass sie klagt oder jammert. Wenn sie mich auf meinem Fahrrad sieht, gibt sie Tipps für einen gesunden Lebensstil: »Richtig so, junger Mann! Immer in Bewegung bleiben. So mache ich es auch. Darum ist mein Bauch so flach wie ein Bügelbrett. Und ich habe fünf Kinder zur Welt gebracht.«

Einmal treffe ich Margaret nahe dem alten Klinkerhaus, in dem Alfred Salter seine Praxis hatte. In einer Lücke zwischen den akkurat aufgereihten Häusern wuchern Büsche und Bäume. Nachts huschen Füchse in die urbane Wildnis. Das Kreischen der Tiere ist jedem Londoner so vertraut wie das schrille Schrammen der U-Bahn-Züge über die stumpfen Gleise.

Zunächst einigen wir uns darauf, dass es heute sehr angenehm ist, nicht zu warm, nicht zu kalt. Dann deute ich auf das Gebüsch: Was weißt du eigentlich darüber? Hat das mit dem London Blitz zu tun?

Mehr als tausendfünfhundert Bomben warf die Luftwaffe im Winter 1940/41 auf die Docks in Rotherhithe und die Industrieanlagen südlich der Themse ab. Bermondsey war ein Hauptziel der Angriffe.

Ja, auch hier habe eine deutsche Bombe ein Haus zerfetzt, erzählt Margaret. Nach der Beseitigung der Trümmer entstand ein Kleingarten, in dem die Nachbarn Gemüse anbauten. Danach zogen Bermondseys Füchse hier ein. Das Thema Blitz bringt Margaret dann gleich auf die nächste Geschichte.

In einer Bombennacht im Jahr 1940, so habe man es noch Jahrzehnte später erzählt, fiel ein besonders übles Ding auf ein Haus in der Hawkstone Road. Ein Mehrfamilienhaus ging in Flammen auf. Bei Sonnenaufgang eilten die Rettungskräfte herbei. Sechzig Fuß, also fast zwanzig Meter breit, war der Bombenkrater. Der Angriff musste viele Menschenleben gefordert haben. Denn wegen des sandigen Bodens konnten hier keine Bunker gegraben werden. Die Leute harrten in Luftschutzunterständen aus, den Anderson Shelters.

Der Schutzbau in der Hawkstone Road hatte – Gott sei Dank – die Explosion überstanden. Eine alte Dame kroch aus der Anlage, klopfte sich den Staub aus der Schürze, begutachtete in aller Ruhe das schockierende Ausmaß der Zerstörung. Dann rief sie in den Unterstand hinein: »Siehst du, Emily, hab dir doch gesagt, die nächste Bombe fliegt uns aufs Dach.«

Margaret schmunzelt, ihre Zahnlücken kommen zum Vorschein. Resilienter als jeder Bunker war der Humor im Viertel. Auch der bietet ja einen gewissen Schutz. Beim Abschied versichern wir uns, dass es auch morgen angenehm heiter bleiben soll.

Einige Tage später verbreitet sich eine Nachricht wie ein Schock in Bermondsey: Russell ist tot. Gestorben an einem Herzinfarkt. Ganz plötzlich. Wie kann das sein? Niemand wusste von einer Krankheit.

Am folgenden Samstag verwandelt sich sein Stand am Blue in eine Gedenkstätte. Hunderte Blumensträuße, Karten, Kinderzeichnungen und Briefe würdigen Russell, die Seele des Viertels, den Botschafter von Bermondsey. In einem Brief heißt es: Deine Warmherzigkeit und dein Enthusiasmus waren Geschenke für unsere Community.

Mir fällt der Begriff des *community spirit* ein. Es ist ein luftiger Ausdruck, manchmal klingt er abgedroschen, weil er gern beschworen, aber selten mit Leben gefüllt wird. Nun zeigt sich aber: Mein Viertel hat diesen Gemeinschaftssinn. Und vielleicht ist es ja diese Erkenntnis, die aus einem neuen Zuhause erst eine echte Heimat macht.

Im Schritttempo rollt der Bestattungswagen auch durch meine Straße. Hinter der Glasscheibe ist Russells Sarg aufgebahrt. Totengräber mit harten Gesichtern, gekleidet in Gehröcke und Zylinderhüte, führen die Prozession an. Die Leute treten vor die Türen ihrer Reihenhäuser. Passanten halten inne, Radfahrer steigen ab. Die schnelle Stadt hat verstanden, sie muss jetzt einmal tief durchatmen – bevor sie weiter durch ihren Alltag hetzt. An diesem Tag ist es sehr still in den Straßen des alten Bermondsey.

Natürlich verkörpere ich – wie andere Zugezogene – in den Augen von Margaret, Russell, Terry und der alten Garde im Viertel den Wandel dieser Gegend. Wir zugezogenen Bermondsey *boys* und *girls* sind keine *geezer* aus dem East End. Wir essen Tapas statt eines *Full English* im Rose Café. Wir fahren mit unseren Rädern in die City und ins Coworking statt im Van zur Baustelle oder auf den Billingsgate Market. Wir kennen Cockney nur aus Guy Ritchies Kinofilmen.

Auch die Häuser, die zu Ada Salters Zeiten als sozialer Wohnraum dienten, sind längst in privater Hand und auch Spekulationsobjekte. Neben uns hat ein Private-Equity-Unternehmen die Haushälfte erworben, ausgebaut und weiterverkauft. Schräg gegenüber wohnen unsere australischen Freunde, er *finance guy,* sie Anwältin. Die Tochter geht auf die Privatschule, der Sohn besucht einen privaten German Kindergarten – auch das gibt es im schickeren Teil des Viertels.

Gerne hätte ich Russell gefragt, wie er die Zukunft seiner Heimat sieht. Dass er Vielfalt begrüßte und als Ur-Londoner immer auch Optimist sein würde, wusste jeder. Einmal erzählte er von einer Gruppe japanischer Studenten. Die wollten die Geschichte des Blue mit Augmented Reality animieren und digital erlebbar machen. Und Russell sollte dabei helfen. Das Cockneytum ins Metaversum bringen – wenn es einer geschafft hätte, dann der Fischmann vom Blue.

Russells Sohn Ben will den Stand weiterführen. Und auch die Hochburg der Londoner Urgesteine bewahren. Ob er dafür den Trick mit der fliegenden Muschel zum Besten gibt? Die Kinder in unserem Viertel würden sich freuen. Und Bermondseys Möwen auch.